101 Dumb Financial Mistakes

公司沒錢的
101種
財務錯誤

訂單大增卻沒年終？有業績卻沒現金？
員工越努力，虧損的洞越大？
零基礎也能看故事就懂的財務學。

創業投資公司（Business Ventures Corporation）總裁
露絲・金恩 Ruth King——著
謝慈——譯

任性出版

U0095839

本書獻給各類型的企業負責人，
但願能幫助你們開始獲利、持續獲利，
打造財富、回饋社會。

目錄

第 1 章
現金、現金流與利潤的迷思　*033*

探討企業對現金的迷思，釐清現金與利潤之間的關係，以及如何保護、維持公司的現金流，避免陷入無法付出帳單的窘境。

第 2 章
正確訂價　*117*

詳細列出企業在為產品或服務訂價時，應考慮哪些要素、如何分攤成本，避免錯誤的定價造成公司虧損。

第 3 章
資產負債表，企業續命的關鍵　*153*

資產負債表經常被許多企業負責人遺漏，本章將探討會計上常犯或忽視的資產負債表錯誤，幫助判斷公司是否真正獲利。

推薦序一
從他人的錯誤自省學習

信達聯合會計師事務所所長、《節稅的布局》作者／胡碩勻

作為一名會計師及財稅講師，我經常為各大企業講授財務相關課程，深知許多企業在財務管理上所面臨的挑戰和困難。露絲・金恩（Ruth King）所著的《公司沒錢的 101 種財務錯誤》一書，正是一本能夠幫助企業負責人避免常見財務錯誤的寶貴資源。

本書以淺顯易懂的語言，揭示了企業在日常營運中可能犯下的 101 個財務錯誤，從訂價策略、損益表問題到盜竊和資產負債表錯誤，無所不包。

作者露絲・金恩擁有超過 40 年的豐富經驗，這些經驗使她能夠深入了解企業在財務管理上的痛點，並提供切實可行的解決方案。

在閱讀本書的過程中，我深刻體會到作者對於財務管理的獨到見解和實踐經驗。她不僅指出了許多企業常見，抑或

是經常忽略的錯誤。更重要的是，她提供了具體的預防措施，幫助公司在問題發生之前就能夠採取行動，避免陷入財務危機。

例如，書中提到的訂價策略錯誤，許多人往往忽視成本和市場需求的變化，導致產品或服務的定價不合理，最終影響獲利。露絲‧金恩提供了詳細的分析和建議，協助企業重新審視自己的訂價策略，確保其符合市場需求，且能夠帶來合理的利潤。

另外，還有許多我在替各大企業講課及顧問輔導時也會耳提面命的重點，包括：預算應從想要的利潤倒推、關注現金流的重要性、公司內部控制核決權限、去庫存化應善用周轉率、帳齡分析、經常追蹤各大財務比率／指標的趨勢等。

作者也強調損益表和資產負債表的重要性。許多企業負責人對這兩張財務報表的理解不夠深入，導致在決策時缺乏依據。露絲‧金恩透過具體的案例，詳細解釋如何正確解讀和利用這些報表，從而做出更明智的財務決策。

總的來說，本書不僅是一部實用的財務管理指南，更是一部能夠幫助企業提升財務素養的必讀佳作。無論你是剛起步的創業者，還是經營多年的企業家，都能從本書中獲得寶貴的知識和啟示。

其中，作者提到企業負責人有三類（參見前言），最佳的第三類指能夠從他人錯誤中自省學習，我強烈推薦本書給

所有希望提升財務管理能力的人。

相信在閱讀本書後，你將能夠避免那些常見的財務錯誤，從而幫助企業長期穩定發展。

推薦序二
每一個財務決策背後，都暗藏潛在風險

外商銀行工作超過 15 年、財報分析與企業評級專家
／銀行家 PaPa

　　從 2008 年踏入企業金融的這 16 年間，我與許多中小型企業負責人對話時，發現了一個有趣的現象：這些老闆對公司產品、產業前景等議題充滿熱情，卻對財務問題一知半解，多數人都把這件事完全交給會計或財務長處理，自己只關注生意。雖然專業分工固然重要，但這並不意味著老闆可以忽略財務管理。

　　舉例來說，2015 年我在澳盛銀行服務過一位中小企業負責人，當時他的公司生意很好、賺了不少錢。公司財務長（他的妻子）想替公司賺更多錢，便投資了不少高風險商品，如 TRF（Target Redemption Forward，目標可贖回遠期契約，為一種衍生性金融商品，臺灣的中央銀行將其分類為外匯選擇權），但老闆本人從不關心細節，只要這筆投資每

個月都有賺錢就好。

同年下半年，人民幣兌美元逐漸貶值，TRF 的投資也開始虧損。起初老闆不以為意，因為財務長告訴他人民幣會回漲，畢竟當時中國的 GDP（Gross Domestic Product，國內生產毛額）成長率還有 7％。然而，人民幣越跌越多，而他也發現每天虧掉的錢等同於一輛賓士 S 系列（Mercedes-Benz S-Class，為賓士的旗艦車型）時，才驚覺事情不妙！

最後，老闆受不了虧損，讓我們幫他解除交易，並申請了紓困貸款，才救回公司一條命。

這個故事是要奉勸創業的老闆們，對公司財務不要完全放手，不只要了解財務狀況，還要有一定的控制權，否則每天賠掉一輛賓士的人可能就是你。

在瞬息萬變的商業環境中，財務管理是每個企業成功與否的關鍵。然而，無論規模大小，許多企業仍然容易犯下各種財務錯誤，導致現金流問題，甚至破產，就像前述的案例。正是在這樣的背景下，《公司沒錢的 101 種財務錯誤》應運而生，為所有經營者、主管，甚至是組織裡的所有人提供了寶貴的指導。

本書深入剖析企業可能遇到的 101 種財務問題，從最基本的現金流管理到複雜的稅務規畫，也揭示了財務管理的陷阱，並提供可行的解決方案，讓讀者能夠在問題發生前有所警覺。

　　本書作者以其 40 年的實戰經驗，**不只是單純列舉出問題，更像是對企業日常營運的深刻反思**。比如，作者在第 9 小節特別強調「正現金流」的重要性，因為「你手上的現金，就是流動的水」！就像水龍頭的水流入水缸，但如果排水的速度是流入的兩倍，也很難蓄水。因此，如果公司的現金流，長年來流入小於流出，就將面臨嚴重的流動性風險。

　　書中的警示不但提醒老闆們要重視每日的財務狀況，更提供具體的改善策略，例如：每週檢查現金流量表、及時收取應收帳款等，不要只關注營收和獲利。

　　本書不僅適合正在創業的新人，對於那些有一定規模但仍在追求財務穩定的企業更是無價。**因為每一個財務決策背後，往往都暗藏著潛在的風險，唯有謹慎管理每一筆資金流動，企業才能真正實現持續成長與長期獲利。**

各界盛讚

「我在創業時犯過太多愚蠢的錯誤。如果我在 1990 年創立第一間公司時,就有露絲‧金恩的書,大概就不會這麼慘烈了!」

——貝瑞‧摩特茲(Barry Moltz),中小企業專家

「我和作者相識超過 20 年,共享過許多舞臺。只要她開口,我一定會做筆記。你聽過 Dutch Uncle(「荷蘭叔叔」,英語中用來形容會直言不諱給忠告的人)嗎?就是無論你想不想聽,總是會告訴你真相,並改變你人生的人。而她就是 Dutch Auntie。她的建議總是切中要害,並帶著嚴格的愛。她的新書將改變你的事業和人生。」

——馬克‧麥特森(Mark Matteson),
跨國演講者,出版 7 本暢銷著作

「有些企業負責人很幸運,能找到對的人,給予企業營運和獲利方面的重要建議。許多年來,露絲‧金恩就是如此幫助與她合作的企業老闆。若你想要避免常見的財務錯誤、

讓事業永續經營、不斷獲利，那麼這本《公司沒錢的 101 種財務錯誤》非讀不可。金恩用淺顯易懂的文字，提供最可貴的知識，以及有趣的真實案例，讓創業者都能避免犯相同的錯誤。」

——海蒂・莎拉提（Heidi Salati），

PHCC National 教育與訓練主任

「創業中很容易犯錯，而知道如何修正，並從中學習，則是成功的關鍵。露絲幫助我學到教訓，她也能幫助你。」

——麥克・瑞奇福德（Mike Ratchford），

前創業家，以 7 位數價格賣出他的企業

「幾年前的某個晚上，走投無路的我們打電話給露絲。她幫助我們，讓我們撐過來了。我們犯過許多露絲在本書中寫到的錯誤。從本書中先學到教訓，你就不會像我們一樣親身經歷龐大的壓力，度過無數輾轉難眠的夜晚。」

——桑妮・杜克斯（Sonny Dukes），

Accurate Power and Technology 創辦人兼執行長

　　「露絲・金恩不是學者，她是身經百戰的創業家，也是許多中小企業的指導者。在本書中她將告訴你，哪裡是會吞沒所有盈餘的流沙，以及該如何引導自己的企業避開它。」

——傑瑞・貝倫（Jerry Bellune），

It's Your Business 專欄作家，中小企業第二號權威

　　「露絲・金恩又做到了！本書絕對是一本傑作。沒有哪位作家比金恩更了解她的讀者。她知道企業家都很忙碌，取得資訊時力求直截了當。本書提供的知識很實際，也很容易吸收。」

——凱文・普萊斯（Kevin Price），

USA Business Radio 全國聯播的商業廣播節目《Price of Business》主持人，USDailyReview.com 出版人和總編輯

前置閱讀

　　彼得和保羅（化名）兩位男士決定一起創業，他們合作得很愉快。每年，他們事業的總收益都會增加。12 年後，收益提高到 200 萬美元（按：本書美元兌新臺幣之匯率若無特別標註，皆以中央銀行於 2024 年 9 月公告之均價 31.98 元為準）。

　　然而，彼得和保羅從未注意過公司的財務狀況。他們覺得，只要銀行裡有錢支付帳單和員工薪水，並讓自己享受一些折扣，就心滿意足了。

　　他們從不注意自己的獲利，也不仔細看會計師根據他們財務報表（financial statements，以下簡稱財報。按：反映一家企業過去一個財政時間段財政表現的會計文件）所整理出的報稅表。當會計師詢問公司的庫存價值時，他們都用猜的，對實際數字沒有概念。

　　彼得和保羅唯一在意的，就是公司有足夠運作的現金，以及他們有錢做自己想做的事。

　　當公司營收超過 200 萬美元後，成長就停止了。很快的，問題一一浮現。他們不只沒錢做自己想做的事，有時甚

至沒有足夠的現金支付員工薪水。

他們知道出問題，卻不知道原因。為什麼公司獲利超過 200 萬美元後，現金流（cash flow，按：在財務學和會計學上，指某一特定時間內，特定經濟單位在經濟活動中，為了達到特定目的而發生的資金流入和流出）就突然出現問題？

他們夠聰明，知道要尋求幫助。而我分析了他們的財務狀況後，發現這 12 年來，他們每賺進 1 美元，就會損失 5 分錢（0.05 美元）！

因為「只有 5 分錢」，隨著公司成長、現金不斷增加，收益所帶來的現金流便掩蓋了這個問題。此外，由於他們不曾真正注意公司的利潤和獲利能力，他們並不知道公司其實獲利狀況不佳。某個專案得到的現金，得拿來支付下一個專案，這時只要專案數目不斷增加，隨之增加的現金流就能幫助公司存活。

但是，當公司停止成長時，就暴露了獲利不足的問題：定價太低，使公司缺乏適當的現金流⋯⋯他們的定價至少低了 5 分錢。

接下來，他們把售價提高 10%，公司開始獲利，產生了正現金流（positive cash flow），而且公司並沒有因此失去客戶。事實上，大家都搞不懂他們以前是如何用如此低廉的價格，提供相當有品質的服務！

公司的成長掩蓋了獲利性問題。

　　這個故事展現出創業者或企業老闆常見的財務問題之一。而本書將揭露各種常見問題，幫助你避免或停止犯錯，讓你不再心碎和徹夜難眠。

代序
她逼我把收益的1%，
存入帳戶

Elite Mechanical 公司執行長／提姆・薛樂特（Tim Schellert）

　　我和露絲第一次見面是在密蘇里州（Missouri），她擔任某場研討會的講者。我是個小型承包商，在自己的車庫裡工作，渴望事業有所成長。

　　後來，我僱用了露絲。雖然她的開價很高，但我放手一搏。現在回首，假如沒有她的幫助，我的夢想就不可能成真。露絲為我提供的價值，遠超出我對她的投資，她給我的諮詢服務也讓我受益良多。

　　我們第一次出現「爭執」（好吧，我得誠實說是「辯論」），是她希望我搬出自家車庫，每個月花 500 美元租間辦公室。她告訴我，這樣能提高生產力，帶來的獲利會高於支出。此外，她也向我示範如何提高獲利，以支持辦公室的運作。

　　我照做了。這不只讓我收支平衡，也讓公司快速成長，超過了辦公室的規模，我們的獲利能力不斷提高。

　　下一步就是搬進更大的經營場所。最終，我買了一塊土地，蓋了自己的大樓，（但願）以後就不需要再搬遷。一路上，露絲都逐步引導著我。

　　露絲教我如何用每小時淨利（net income，按：公司或個人的總收入，減去所有的成本費用後剩下的金額）的觀點經營公司，以及如何與員工和慈善機構共享獲利。員工們經歷過好的時機和不好的時機，代表有些時候獎金比較少、有些時候獎金較高。但是，只要公司每小時淨利是正值，我就會與員工分享。

　　而員工也會詢問公司的經營狀況，想知道自己能分到多少。他們希望至少拿到最低的獎金，並為此努力爭取收益。

　　接著，遇上了新冠疫情爆發。我還記得我打電話給露絲，感謝她過去逼著我把收益的 1％，以及所有的經常性收入（recurring revenue）都存入儲蓄帳戶。我告訴露絲，無論發生什麼事，我們都有足夠的現金撐下去。

　　請仔細閱讀露絲在本書寫的所有內容，並遵循她的建議，不要犯下她提到的錯誤。她不只幫了我很多，同時也幫助許多人，讓我們的公司獲利、創造財富、達成目標。

前言
獲利，是經營的底線

　　許多企業負責人都是在公司遇到問題時，才第一次關注公司財務。或許是付不出薪水、供應商的帳務延遲、占了公司營收超過 20％ 的大客戶離開，又或是其他同等嚴重的災難發生。

　　這些潛在的災難讓他們開始關注財務，願意進一步探究。於是他們成了我祖父說的第二類型企業負責人，有些甚至能晉升第三類型。

　　我祖父總是說，**第一類型的企業負責人會犯錯，且從不從中學習**。因此，他們一錯再錯。他們會浪費大量時間和金錢，度過無數心碎時刻和失眠的夜晚。

　　第二類型也會犯錯。然而，他們會從錯誤中學習。犯錯實在太痛苦，他們往後絕對不會再犯第二次。當然，他們還是有可能虛擲光陰和金錢，也承受許多心碎和失眠。不過，至少這些痛苦都是因為第一次犯錯。

　　而**第三類型的企業負責人，則會從其他人的錯誤中學習，不會犯相同的錯**。當然，他們也可能犯下不曾學習過的

錯誤。只不過一旦犯錯，他們就會像第二類型那樣從中學習，不會再犯。

過去四十多年，我看過許多老闆和高階管理者做出非常愚蠢的行為。之所以寫下這本書，就是希望你們不要犯相同的錯。我希望你們能成為第三類型的企業負責人，或許會犯下我沒寫到的錯誤，但你們會從中學習，不會再犯。

企業類型主要可以分成三種：生活方式型企業（lifestyle business）、作為工具使用的企業（businesses used as a tool，以下簡稱工具型企業〔tool business〕），以及轉型企業（transformational businesses）。

無論你的公司屬於哪一種類型，就算只是小小的生活方式型企業也沒關係。**你不需要追求高度成長——但得跟上通貨膨脹的速度，底線在於讓獲利保持穩定。**

沒有哪個類型的企業比較好或比較差，這完全取決於你和你的人生目標。因為企業類型不同，本書提到的某些錯誤可能不適用於所有公司。我會標示出每個問題特別容易影響的類型，請多加注意！

每個老闆都想要獲利嗎？

「你怎麼知道每個老闆都想要獲利？」這是我的導師彼得・戴曼迪斯（Peter Diamandis）對我提出的問題。

　　而我沒有答案，震驚得說不出話來（認識我的人都知道，我通常對任何問題都能給出答案）。

　　彼得的問題讓我走上一條很不一樣的道路──在那之前，我的目標都是教導世界各地的企業，給予他們工具和流程，讓他們持續獲利、打造財富，並回饋社會。這本書揭露企業負責人會犯的財務錯誤，是我人生志業的一部分。

　　現在，問題來了：「假如老闆不在乎獲利與否呢？」是的，即便獲利能力是任何企業生存的關鍵，還是有些老闆並不在乎能否獲利。

　　我意識到，企業可以分成三種──生活方式型企業、工具型企業和轉型企業（參見下頁圖表1）。在這裡，沒有所謂「正確」的企業類型，每種類型都有不同的聚焦重點，創業原因不同，創業者渴望的結果當然也不同。

　　接下來我將分別說明這三種企業類型，以及它們通常關注的重點為何。

一、生活方式型企業

　　生活方式型企業的創業原因，是為了支持創業者渴望的生活風格。其中有許多是夫妻共同創業。

　　生活方式型企業負責人不需要員工，他們的事業獲利完全仰賴自己。這類事業一開始並不需要創業資金，現金流和營收都取決於老闆本人。

| 圖表 1 | 企業類型整理 |

企業類型	生活方式型	工具型	轉型
資金	無須	個人或家庭	創業投資（venture capital）
營收成長	無	每年 5 ～ 10%	每年 10% 以上
員工	1 ～ 2 人	2 ～ 100 人	100 人以上
現金	極為重要	重要	極為重要
損益表	不重要	很重要	極為重要
資產負債表	可忽視	很重要	極為重要
經常性收入	極為重要	重要	重要
退場計畫	無	轉手賣出	賣出或上市

　　老闆在意的是有足夠的現金收入，讓他們追求理想的生活方式。當然，也有市值數百萬美元的生活方式型企業。

　　這類企業的老闆或許會住在沙灘上、深山裡，或是持續旅行，隨心所欲過日子，只要有足夠的現金就好。他們可能一週只工作 4 個小時，就像美國企業家提摩西・費里斯（Timothy Ferriss）在其著作《一週工作 4 小時》（*The 4-Hour Workweek*）所提倡的那樣。

他們可能會連續工作幾週，以賺取足夠的營收，並在現金需求再次出現之前，把生意完全拋諸腦後。

生活方式型企業鮮少有員工。他們或許會有虛擬助理，處理帳單或其他營運問題，讓老闆可以繼續隨心所欲。此外，他們多半會盡可能把許多商務活動都外包出去。

許多人認為生活方式型企業不是真正的企業，但事實上它們是。即便老闆不太在意，它們也會有營收和獲利。負責人會控制現金流，以確保有足夠的錢支持其生活方式。

生活方式型企業負責人關注並管控三件事：

- 定價是為了維持正現金流。
- 擁有足夠現金。
- 隨時都有經常性收入。

二、工具型企業

工具型企業的創業或購入，都是**為了個人目標：好好經營，以傳給後代；或隨著事業成長，讓老闆能自由經營其他事務，最終再將企業轉手。**

這類型的企業一般都由負責人個人出資，或是向其家人、朋友借貸。隨著事業收益增加，就可能向銀行貸款，或籌措資金購買房地產。

舉例來說，某位企業負責人創業的目的，可能是為了能

觀看排球國手女兒的比賽，這份事業是幫助他達成目標的工具。他必須創造出獲利足夠的事業，並僱用員工在他外出時處理日常事務。而當他的女兒大學畢業後，他便預計把自己賺錢的事業賣出。

工具型企業負責人關注並管控的是：

- 員工滿意度與生產力。
- 財務報表（現金、獲利與損失、資產負債表）。
- 打造企業的經常性收益。
- 正現金流。

三、轉型企業

轉型企業的創立，是**為了影響數百萬到數十億人**。這類型的企業呈現指數型成長，目標大都是為了**解決全球性問題**。創業的領導團隊或個人，都是真正的企業家。

而支持指數型成長企業的，通常都是創投公司。

轉型企業負責人想的是每年成長超過 10 倍。10％ 的成長率太無趣，他們僅僅幾週或幾個月就能達成。

想想那些你所知道的超級創業家或企業家：特斯拉（Tesla）執行長伊隆・馬斯克（Elon Musk）、亞馬遜（Amazon）創始人傑夫‧貝佐斯（Jeff Bezos）、蘋果公司（Apple Inc.）創辦人史蒂夫・賈伯斯（Steve Jobs）、英

國維珍集團（Virgin Group）董事長理查・布蘭森（Richard Branson）等，他們正在改變世界。

轉型企業的創辦人和管理者，思考模式和其他企業員工完全不同，他們不斷尋找讓公司快速成長的方式。該如何提升速度、效率，同時又降低成本？當然，他們有時也會讓自己失業。

轉型企業的終點，可能是併購其他轉型企業、公開募股，有時也可能以破產告終。舉例來說，有些科技業公司就未能跟上改變潮流，最終變得僵固、關門大吉。

轉型企業負責人關注並管控的事務包含：

- 員工的創意及冒險精神。失敗在所難免！
- 財務報表（損失及收益、資產負債表）。
- 正現金流。

然而，無論是生活方式型、工具型或轉型企業，所有公司都必須避免接下來本書所揭露的錯誤，才能生存並茁壯。

第 1 章

現金、現金流與利潤的迷思

① 有現金不等於有利潤

　　有些老闆會以獲利為恥。他們認為獲利是不好的，因此不會以獲利為目的來訂價，經營起來自然很辛苦。比起受僱於人，他們會更加拚命工作。獲利不足帶來的現金流問題，讓他們在壓力下輾轉難眠。

　　如果公司想要存活，利益就不可或缺。即便像生活方式型企業，焦點放在現金而非獲利之上，也還是需要足夠的營收。這些營收轉換為現金，才能支持老闆想要的生活方式。

　　而對於正在經歷指數型成長的公司來說，隨著規模擴大，獲利並不如現金那麼重要。當傑夫・貝佐斯成立亞馬遜時，他說自己並不在乎公司到底有沒有絲毫獲利。他在意的是每小時的淨現金收入（而非淨利）。他必須確保自己有足夠的現金帶動成長，而利益是之後的事。定價必須將獲利的營收納入考量，否則一旦成長停止，公司就可能崩潰。

　　收益要拿來做什麼呢？首先，必須先轉換為現金。現金才能支付員工薪水和其他營運成本。此外，收益也能用來補助成長、提高薪水、提高庫存（如果有庫存的話），並提高

整體支出。如果沒有足夠收益，公司就會敗亡。

　　至於多少的收益算是太多呢？取決於你的成長目標、回饋社會的目標，以及你對於企業的願景。

　　利益是好的。利益對企業的存續不可或缺，你能決定自己想要獲利多少。

2　躲在損益表裡的 10 個雷

「我僱了一位會計師，終於不用再擔心記帳的事了。」

大多數企業老闆第一個僱用的人，通常是會計。接著，他們就能忽視公司財務層面的事務，因為他們認為，會計會替他們妥善處理。

這件事非常危險。當你不再關注公司財務，盜用公款等事件就會開始出現。你當然可以把日常帳務委託給其他人處理，但你不能放棄管理公司財務的責任。你必須適當的掌控，每週、每個月都親自檢視，主控包含財務在內的公司一切事務。

你的營收表是你的成績單。你得知道部屬在告訴你什麼，才能即時抓出小錯誤，在事情一發不可收拾之前先除之而後快。

每個月 15 日，會計都應該給你一份損益表（profit and loss statement）和資產負債表（balance sheet，按：個人或組織的財務餘額的摘要），損益表又稱為收益表（income statement）。他們也應該提供佐證文件、帳齡（負債人積

欠帳款的時間）分析表和對帳表。越早收到這些報表，你就能越快開始檢查，在小問題變嚴重之前加以解決。

在過去，這類表格都會用緩慢的傳統郵件寄送，所以每個月 15 日才會成為常規。但如今，你每天都能在網路上檢視，沒有拖延的藉口！

首先，檢核你的損益表。只需不到 1 分鐘的時間，你就能抓出以下 10 種錯誤：

1. 是否採用權責發生制會計？（參見第 7 小節）

這意味著**你會在資產負債表上看到應收帳款、應付帳款，若有庫存的話，也會顯示於表上**（相對於現金收付制，權責發生制會將應收、應付但尚未收付的款項也計算在內，更能反映公司財務狀況）。

QuickBooks（一款由 Intuit 開發的會計軟體）的左上角會告訴你，這份報表是以現金或權責制為基礎。若你並未使用 QuickBooks 確認會計基礎，或沒有在資產負債表上看到應付帳款、應收帳款或庫存，那麼從營運的角度來看，你的財務報表可能並不精確（這份財報可能來自稅務報表，但國稅局對你的日常營運狀況並不清楚）。

權責發生制（accrual basis，按：又稱為應收應付制，指收益在確定應該收取或應支付時，就計入帳務。依臺灣《所得稅法》第 22 條規定：「會計基礎，凡屬公司組織

者，應採用權責發生制，其非公司組織者，得因原有習慣或因營業範圍狹小，申報該管稽徵機關採用現金收付制。」）對良好的財務分析至關緊要，能幫助你及早抓出小錯誤，降低影響的範圍和程度。

2. 資產負債表有達到收支平衡嗎？

資產應當和負債和淨值（或股票值）達到平衡。若否，代表會計（或負責人員）沒有妥善將每一筆帳目輸入會計系統，或是你的 QuickBooks 需要重新設定（假如未能平衡，該系統通常會發出通知）。

3. 資產負債表上出現負現金嗎？（參見第 5 小節）

活期帳戶裡的現金不能是負數，若是如此，銀行會向你收一大筆規費，並關閉你的帳戶。更可能的狀況是，你的會計師太懶惰，在你有現金時一口氣把所有支票印出來支付帳單。除非銀行裡有足夠的錢，否則不要印出支票。

4. 你的庫存數字每個月都相同？（參見第 56 小節）

每個月庫存量都一模一樣的機率，就和中樂透頭獎一樣低。庫存一定會根據原料的訂購、產品和服務的生產，而每天產生變化。

5. 資產負債表上有負數的工資稅？（參見第 65 小節）

國稅局不會欠你錢，你所在的州政府財政單位也不會，這都是會計的錯誤。務必更正薪資支出的會計資料，因為這會影響整體的財務報表。（按：工資稅〔payroll tax〕指當雇主支付員工報酬達到一定限額時，雇主需要向所在州政府繳納稅金，在美國、澳洲等國家有此稅務。）

6. 資產負債表上有負數的貸款餘額？（參見第 64 小節）

銀行並不欠你支付貸款的錢，這一定是會計出了錯。這樣的錯誤，通常發生於將整筆貸款支出從貸款餘額中扣除的時候。支出的一部分是償還本金，另一部分則是利息。請確保利息的支出出現在損益表，而本金的扣除則出現在資產負債表上。

7. 毛利是負數？（參見第 81 小節）

毛利（gross profit）是銷售額扣除銷售商品的成本。除非你刻意推出虧本的低價商品（某些超市會以此吸引客戶上門，例如 1 加侖〔約 3.8 公升〕的牛奶只賣 1 美元），否則沒有人會用 10 美元買入零件，卻只賣 8 美元。

這種狀況極度少見，唯一可能性就是你在那個月之中，只做保固、維修工作。這樣一來，你幾乎不會有收益，卻因提供客戶保固服務而產生大筆支出。

8. 沒有記錄租金、水電費等固定的每月支出？（參見第 88 小節）

請確認每個月都翔實記錄這些帳單。你每個月都得繳房租，否則房東會把你踢出辦公室。

9. 損益表上淨利和資產負債表上的當前保留盈餘不同？

這兩個數字如果不同，就有問題了。損益表上的淨利，應當與資產負債表上的當前保留盈餘（retained earnings）完全一致。若否，代表可能有人做了不該做的帳。

10. 應收帳款帳齡和應付帳款帳齡分析報表，符合資產負債表上的數字嗎？（參見第 61、63 小節）

帳齡指積欠帳款的時間，這兩者應完全相符。若不同，代表有人做的帳造成失衡，請務必找出原因。

3 老闆的賓士症候群

　　我的同事正在幫一位企業負責人尋找資金。他在某個午餐場合，將對方介紹給潛在投資者。隔天，投資人致電給我同事，他表示儘管這位老闆人很好，但他絕對不會投資對方的企業。我同事接著詢問原因，投資人說是因為他有「賓士症候群」（Mercedes-Benz syndrome）。

　　我的同事很好奇：「那是什麼？」投資人解釋，在午餐的談話中，他發現這位老闆利用自己的企業，支付了 2,200 美元的保時捷（Porsche）跑車租金。他似乎想用企業來支持自己理想的生活方式。

　　投資人又說，他不希望自己的錢被用來付租車費。他的投資，理應是幫助企業成長，而不是讓老闆的私生活更優渥奢侈。他把這稱為**「賓士症候群」，指的是企業支付非必要的個人資產，例如賓士**。應該用來達成企業需求的投資，到頭來卻只滿足了老闆的個人需求。

　　而我驚訝的發現，許多公司老闆都會這麼做。他們並不理解，現金不代表利潤，公司有現金也不代表一定要花掉。

這些老闆會用公司的錢買遊艇、昂貴的卡車或轎車，或用來支付自己的度假行程和豪宅，並在公司內部僱用尸位素餐的親人等。他們不把錢投資在事業上，而是花在自己身上。

當然，享受自身的勞動成果並沒有錯。然而，我們不該犧牲自己的公司。我們得為了不景氣的時候存些錢，因為天總有不測風雲。

該如何避免賓士症候群？你得確保自己的產品能帶來足夠的錢，並產生合理的獲利。此外，你還得存下一些透過銷售賺來的錢（參見第 73 小節）。

幸運的話，你不會染上賓士症候群。好的獲利和儲蓄，能幫助你在未來的日子裡避免財務危機。

4 為了不存在的 9 萬美元納稅

　　盲目接受會計師的報告，讓某位企業負責人為了不存在的 9 萬美元收入而納稅。事情是這樣的：

　　這位老闆在 2012 年時，更換了會計軟體和合作的會計公司。更換時，新的 QuickBooks 軟體中有來自另一家公司、價值 9 萬美元的應收帳款票據，這些票據也存在舊的會計軟體中。

　　新會計師在公司 2012 年的 Schedule L（按：附於美國報稅表 Form 1040〔個人所得稅申報表〕，用於計算標準扣除額）申報表中，將這張應收票據登錄在這間公司，而不是另一家。

　　新的會計師擅自如此認定，而未針對應收票據的細節多做查核。問題就是這麼開始的。而這位老闆也並未質疑 2012 年的納稅報表，直接批准了。

　　10 年後，這份應收票據都還留在公司的帳上，而另一間公司完全都沒有繳納這筆費用。簡單來說，這份應收票據 10 年來都被上報為該老闆的，而非來自另一間公司。

　　10 年來，老闆每一年都會看資產負債表，也都會看見這份應收票據的條目。每年的數字都一樣，老闆卻不曾質疑過。而這段時間，會計師都在 Schedule L 納稅申報表中提報這份應收票據。錯誤就這樣延續了 10 年。在我開始質疑這間公司的財報之前，沒有人提出任何問題，或是採取任何行動。

　　身為老闆，我們不可能靠著不精確的財報，卻做出好的生意決策。永遠只會垃圾進、垃圾出。那麼，該如何修正資產負債表？既然這位負責人並未積欠這筆錢，我們該如何在會計上刪除這項應收票據的條目？

　　當然，我們不可能直接刪除，因為這個項目已經在稅務報表上 10 年了。提出修正稅單太麻煩，不但所費不貲，還可能觸發國稅局的警戒，甚至招來稅收審計。

　　除此之外，一旦進行審計，國稅局就會發現**這位老闆在這 10 年間，都在有這項應收票據的稅務報表上簽名。他的簽名代表著稅金正確無誤——也包含這項應收票據。**想像一下，該如何向國稅局解釋，為何你這 10 年來都沒看見？

　　唯一合法將這筆票據從資產負債表移除的方法，就是請老闆寫一張 9 萬美元的支票給那間公司，如此一來，應收票據才能得到清償。

　　假如老闆想拿回自己的 9 萬美元（以分配資產或薪水的形式），就得為這 9 萬美元支付稅金。

你可能會想：「那就把票據留在資產負債表上好了。」當然可以，但假如你想把公司轉手、傳給後代，或是關閉，這張應收票據都會影響賣價或最後的納稅申報。

在報稅單上簽名並繳交之前，一定要檢查會計師報告的內容，確保沒有任何錯誤。假如有看不懂或不正確的地方，務必提問！這可能幫你省下數千美元。

5　隨時與超過一家的銀行保持往來

當我在 2003 年寫作《中小企業的醜陋事實》（*The Ugly Truth About Small Business*，暫譯）時，有一篇故事引起我的注意。從那之後，我隨時都與一家以上的銀行保持關係。

我簡單整理了故事，讓你能從這位企業負責人的錯誤中學習：

我的銀行造成了我的企業危機。要了解箇中原因，你得先知道我的背景。我一向都從別人的苦難中獲利。創業初期，我什麼也買不起，只能買有問題的東西，例如面臨危機的公司、亟需修繕的建築物等。我必須努力重建，才能得到成功。

我的運氣不錯，也有許多美好的經驗。數年間，我用銀行的錢打造了賺錢的事業。然而，我的銀行業務卻在某個下午，幾乎讓一切付之一炬。

一開始，我得為了自己親力親為。我喜歡進口車，當時，大家都認為進口車只占全美國車輛的 2％～3％，我則

認為市占率高達 20％，所以在威斯康辛州（Wisconsin）的奧什科什（Oshkosh）開了加油站，並專門修理進口車。接著，加油站擴建成車體修理廠、汽車零件廠，最後成了綠灣（Green Bay）公司。

光是成立加油站、維修廠、零件廠等並不能滿足我的野心，我開始購入荒廢的複合式建築，加以整修、改建成商業場所。接著，我購入更多公司、企業。

公司的所有戶頭、貸款和房地產，包含我自己的住家，都是和一間信用良好的銀行合作。但新的總裁接手後，差一點毀了一切。

在當時，人們通常只會和一間當地的銀行建立合作關係。他們會審核、調查你的財務狀況和成就，而我當時已經頗有一番事業。一開始，一切都很順利，我所有帳目都隨時保持最新狀態，沒有任何跳票或逾期的款項，欠銀行大約 300 萬美元。

某天，我的貸款業務打電話給我，告訴我新的銀行總裁想和我談談。我們約在隔天下午一點，我和合夥人一同前往銀行。不是總裁親自來找我，讓我感到有點奇怪，但我沒有想太多。

抵達銀行時，貸款業務和我走進總裁辦公室。總裁的每個字我都清楚記得：「我希望今天就把你在我們銀行的所有帳戶都註銷。」

我很驚恐的問他在說什麼，他說：「我不希望你在我們這裡還有貸款，或個人財務。你有一筆愚蠢的貸款將近 25 萬美元，而我們還在支付利息，這根本不合法。」

我否定他，他卻表示不想聽我辯解。

這位總裁大吼大叫，辦公室裡的每個人都能聽見他口出惡言。我很震驚，他希望我當天就註銷支票帳戶和其他服務。他說，如果我不立刻照做，就會開始清查我的帳戶。

我告訴他，我週五得付薪水（會面那天是週二）。他表示不在乎，我並沒有用足夠的信用額度。一切都即將崩壞。

我頭昏腦脹的離開，而我的合夥人則啜泣不止。我很憤怒，回到公司時心想：這麼多年的努力，難道就要毀於一旦？我可能得開始拍賣資產，看看是否還有挽救的餘地。

在多年創業生涯中，我的妻子第一次看見我對未來感受到極大的壓力和擔憂。我找不到出路、我的世界崩毀，讓我墜入深淵，只因為有個不理性的銀行總裁，搞不懂貸款如何運作。

當情緒過去，我開始理性思考。我必須慢慢來，一次處理一件事。我的律師檢視了貸款文件，發現銀行在要求客戶償還貸款時，必須提前 30 天通知。

我在週五致電貸款業務，告訴他我想和總裁談談。他拒絕了。於是，我說：「那麼，他就只好和我的律師談了。由於先前簽訂的合約，你們必須讓我以信用額度支付薪水。我

會支付我的員工薪水，而所有支票都能兌現。」

我收到總裁的語音訊息，說銀行在月底之前，都會確保我的信用額度。我在 30 天內，一次處理一件事，解決了所有銀行的問題。

隨時都必須與超過一間銀行保持關係。你永遠不會知道，哪間銀行何時會被轉賣，或是新的管理階層是否會改變貸款政策。假如事情演變至此、銀行要求你清償貸款，並且只給你 30 天的時間，至少還有其他合作的銀行能給你不同選項。

6　存提款、支票，都要留影本

「我們將從你的銀行帳戶中扣除 8,235 美元。」某位企業負責人收到這樣的電子郵件通知。

會計很清楚，她在存款時沒有犯錯。檢閱存款紀錄後，她發現，這 8,235 美元恰好是其中一張支票的金額。於是，她帶著存款單的複本、支票和存款收據到銀行，竟然發現銀行把支票弄丟了！

假如這位會計沒有在存錢之前先複印支票，那麼公司的獲利就會少了 8,235 美元。

到銀行存入任何支票前，如果都能留下複本，就能確保會計的計算正確、存款的金額無誤。假如你的公司能遠端存款（在公司就能存入支票），那麼就要確保在銀行要求的期限內，好好保存所有支票。

銀行偶爾會犯錯，所以我們必須好好保留存款紀錄。

7 精準掌握收入與支出

「該死，雖然報表顯示獲利，但我知道我們正在賠錢。」這是某個企業負責人將現金收付制（cash basis）的會計，轉換為權責發生制後所說的話。

為什麼會這樣？**在現金收付制中，只有在支付帳單時才會記錄為支出，也唯有透過銷售獲得現金時，才會加以記錄**（在現金收付制中，銷售額即現金收入。參見第 75 小節）。在這樣的會計方法中，不會納入應收帳款或應付帳款。

在權責發生制中，無論顧客是否已經支付帳單，只要送出帳單，就會記錄為收益；無論是否支付，只要收到單據，就會記為支出。這種會計方式會納入應收帳款及應付帳款。

在前述例子裡，公司總是處於獲利狀態，因為，除非有現金，否則他們不會支付帳單。在以現金支付累積帳單的幾個月裡，公司才可能出現虧損（支出多於收入）。

使用權責發生制的會計，即便帳單尚未支付，也會記為支出。老闆在衡量獲利和支出時，將專案所有的支出從收益中扣除，發現公司執行的計畫一點也不賺錢。

　　會計告訴他，為了公司，最好以現金收付制報稅。然而，以權責發生制來處理公司帳務，財報會顯示你的應收帳款、應付帳款，以及庫存量，才能知道公司是否真的獲利。

8 每週五下班前，檢查現金流量表

「有時候，我們需要當頭棒喝才會醒悟。」如果企業負責人沒有時間注意現金問題，就可能出現以下的狀況。

每週五，公司會計都會把每週現金流量表（按：財務報表的三個基本報告之一，表達在一固定期間內，一家機構現金的增減變動情形）、應收及應付帳款帳齡分析報表，和每週銷售預算表寄給我。她也會寄給老闆和高階主管們。

每週現金流量表（參見第 56 頁圖表 2）顯示出每週一開始的現金量，包含收入、支出。接著，會計會根據應收及應付帳款，估計這一週的現金流入和流出。

每週的銷售預算，是根據每年總體預算所做的收入預算，將每個月的銷售目標細分為各個部門的每週目標。如此一來，就能從營收的角度確保公司走在正軌上。

9 月前，公司幾乎每一週都能達成預算營收，即便有幾週沒能維持穩定，下一週或下幾週的營收也能彌補赤字。

9 月的第一週，公司沒有達到預算營收。那一週是勞動節假期，或許進度緩慢一點，但還沒有需要太擔心或立刻採

取行動的事。

　　下一週，公司仍然沒能達成目標。我回信詢問帳單是否都已開立、銷售進度是否延遲等。假如延遲，我們可以多做一些行銷來提高營收。會計單位告訴我，公司即將執行大型專案，接下來幾週就能看見成果。

　　這樣的信件往來越來越普遍，因為直到 12 月，公司才極度勉強的達標。我看著每一週結束時，公司的現金量越來越低，我的關心和詢問也石沉大海。

　　聖誕節那一週，我收到老闆的電子郵件，表示他們已經沒有現金了。我問他是否每週都會看會計的報告，以及我的電子郵件，他說他鮮少這麼做。

　　有時候，就是得受到當頭棒喝，才會開始注意。**每週都要檢視你的現金流量表**。會計人員應在每週五下班前，把這份報告和應收、應付帳款帳齡分析報表都放在你的桌上。請仔細檢核，把你想支付的款項圈起來，讓會計備妥支票給你簽名；看看應收帳款，把你想收帳的客戶圈起來，以利後續追蹤。

　　如此一來，才能確保你下週有足夠的現金，並確認客戶還積欠你哪些款項、公司必須支款給哪些廠商。

圖表 2 　每週現金流量表

第 _____ 週　　　　　　　　　整理人 _____

每週初始現金金額

小額備用金　　　　　　　　　　　　$ _____

支票帳戶一　　　　　　　　　　　　$ _____

支票帳戶二　　　　　　　　　　　　$ _____

薪資專戶　　　　　　　　　　　　　$ _____

貨幣市場　　　　　　　　　　　　　$ _____

其他存款　　　　　　　　　　　　　$ _____

初始現金總額　　　　　　　　　$ _____

現金收款　　　　　　　　　　　　　$ _____

信用卡收款　　　　　　　　　　　　$ _____

應收帳款收款　　　　　　　　　　　$ _____

其他收入（例如貸款）　　　　　　　$ _____

整週可利用現金總額　　　　　　$ _____

支出：

薪資　　　　　　　　　　　　　　　$ _____

應付帳款　　　　　　　　　　　　　$ _____

貸款　　　　　　　　　　　　　　　$ _____

其他　　　　　　　　　　　　　　　$ _____

支出總金額　　　　　　　　　　　　$ _____

每週結餘現金金額　　　　　　　$ _____

預估下週需求：

應收帳款收款　　　　　　　　　　　$ _____

薪資　　　　　　　　　　　　　　　$ _____

應付帳款付款　　　　　　　　　　　$ _____

應繳貸款　　　　　　　　　　　　　$ _____

預估下週現金盈餘（需求）總計　$ _____

⑨ 關於正現金流

　　現金、現金流和利潤，哪一個比較重要？

　　以現金為公司的營運基礎，並不是個聰明的做法。以利潤為基礎還可以接受，但最好以獲利性為基礎。

　　如果以現金為營運基礎，你無從得知公司是否獲利。你只會知道自己帳戶裡的錢，是否足以支付帳單。只要你的公司持續成長，即便沒有獲利，你還是會有現金（參見本書前置閱讀）。

　　以利潤為基礎的營運錯在哪裡？其實沒錯，然而，以利潤為基礎的營運並非長久之策。

　　假如，你在某個月獲利，也不能保證下一個月同樣獲利。此外，你不會知道長遠來看，你的利潤是否能提升，因為你只關注每個月的獲利狀況。你可能會擔心這個月的損失，但是忘了下個月能轉虧為盈。溜溜球般的損益狀況，可能帶來災難性的後果。

　　最好的營運方式是以獲利性為基礎。獲利性代表的是持續獲利，隨時都能用公司的利潤來支持公司營運。一個月的

損失固然令人擔心，也必須找出虧損的理由。然而，公司的獲利性如果能不斷提升，一個月的損失也不會造成倒閉。

先關注獲利性，然後是利潤。如此一來，只要你有收到該收到的款項，就會有足夠的現金。

正現金流比現金更重要。現金至關緊要，有現金才能繳房租、水電和其他支出。不過，想要獲得現金就必須透過現金流。

想像一個大水缸，但缸子裡裝的不是水，而是現金。

圖表 3 　現金流水缸

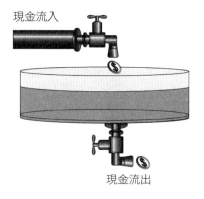

現金流入

現金流出

假如你不加入新的現金，隨著你繳交房租、水電費、支付薪水和公司用品等，水缸總有一天會乾涸。到了某個時間點，水缸裡的現金會一點也不剩，你的公司就會面臨倒閉。

現金流是取得現金的必要方式。要有現金流入，我們才能負擔自己想要或需要的東西，而這些支出就是現金流出。

要如何讓現金流入？主要是透過「收到銷售帳款」，而不是「銷售」而已。假如你提供產品或服務後，寄出收據，你得到的是應收帳款，而不是現金。你沒辦法用應收帳款來付房租。要等到客戶付錢，你才能把帳款加入現金的水缸。

當你取得的是應收帳款，你就像是客戶的銀行。零售商、餐廳和許多企業都知道，自己不能當銀行。他們一提供服務，就要收到現金。

其他現金來源，包括使用信用額度借款或個人儲蓄、投資的利息收入，或是偶爾出售的資產；現金流出則是你支付的款項，包含員工薪資、應付帳款、貸款繳納，有時則必須繳納稅金，或是購入資產。

打開上方的水龍頭，現金會流入，現金的水平面上升；打開出水口，現金會流出，水平面下降。如果公司要維持營運，在每個月底，現金水缸中至少得留下一分錢。

此外，要注意水缸是否緩慢漏水！這是本書一開始，彼得與保羅所遇到的狀況。儘管有金錢流入、能繳交帳單，但是每個月底，因為公司未能獲利，水缸裡剩餘的現金低於應有的水平。下個月也是同樣的狀況，即便有現金流入，月底時水缸裡的現金量仍然不足。

不要因為現金流入，就產生虛假的安全感。你的輸入必

須高於輸出，才能維持現金存量，或是提高——換句話說，你的利潤能帶來正現金流。

　　現金至關緊要，假如沒有正現金流，你最終就會不剩任何現金。

10 如何判斷公司成長過速？

生活方式型企業不會因為成長，而把現金用盡；工具型企業則可能在成長期把錢用完；轉型企業必須特別注意現金流，因為其成長會呈現指數型。假如轉型企業無法獲利，就必須不斷成長，直到獲利為止。

以下是工具型企業成長速度過快時，必須遵守的重要法則，以及該如何估計成長期需要準備多少現金。首先，一些定義如下：

● 營運資金（working capital）：當前的資產扣除當前的負債。

● 當前資產（current assets）：現金或一年內能轉換為現金的資產。一般來說，當前資產包含現金、應收帳款、庫存和預付費用。從事商業活動時，也可能將當前的工作內容列入當前資產。請確認這部分準確無誤（參見第 58 小節）。

● 當前負債（current liabilities）：應付帳款和其他必須在一年內付清的債務。一般來說，當前負債包含應付帳

款、應付稅款、遞延收入（按：指尚未掙得而預收的收入或收益），以及長期債務的當期款項。請確認這部分準確無誤（參見第 58 小節）。

● 年銷售額（annualized sales）：在該財務年中的任何一個月，你所估計的年度銷售額。當然，年末的數字是最接近理想的。不過，如果你的財務年在 12 月才結束，該如何在 5 月時估計年銷售額？年銷售額等於 1 月到 5 月的銷售總額乘以 12，再除以 5（公司財務年的第五個月）。

如何判斷公司是否成長過快

年銷售額除以營運資金的數值大於或等於 10。對於轉型企業來說，應該大於 10；若是生活方式型或工具型企業，則不應該超過 10。

假如生活方式型和工具型企業的數值低於 10，代表公司成長速度不至於過快。

現金需求的重要法則

必須有預期成長的 10% 現金，公司才能存活下來。舉例來說，如果公司計畫將銷售額從 100 萬美元提升至 200 萬美元，就必須有 10 萬美元的現金來支持公司成長。

小心規畫現金，確保公司在成長過程中不會把錢花光。

11 如果可以，每天都要請款收帳

　　我走進某個客戶的辦公室，他的桌上放了一大疊紙張。我問他那一疊紙是什麼，他回答：「那是我們已經提供服務，但尚未收取帳款的客戶，我們忙到沒有時間收錢。」

　　那疊紙張是兩個月來服務已經完成、還沒有付款的客戶清單。竟然忙到沒空收取完工的款項！

　　想像一下，客戶在取得產品或服務兩個月後，才終於收到帳單時，會多麼驚訝。他們很可能早就忘了，他們不會記得花了多少時間，或是你們的協議內容是什麼。

　　更糟的是，客戶很可能有這樣的想法：假如這間公司花了兩個月才把帳單寄給我，那我也要花兩個月再付錢給他們。這間公司可能根本不需要這筆錢。

　　最糟的情況可能是：客戶兩個月前應當支付的帳款，已經花在其他地方，所以現在沒錢給你。

　　每天收取帳款，或是盡可能提高頻率，是維持現金流的關鍵。如果不收帳，你就無法快速拿到應得的款項，並用來支付自己的帳單。同樣重要的，請確保你的帳單正確無誤。

　　長期的大型專案開始前，公司中負責應收帳款的人員，應當致電對方負責應付帳款的部門，先自我介紹，並說明你的公司即將和他們展開合作。詢問對方的要求、如何準時收取款項；釐清是否需要特定的採購訂單、帳單是否需要簽名確認、證明工作完成的文件規定，或者是否有其他要求。

　　假如帳單逾期，你尚未收到款項時，對方就不會以收據缺少某些內容推託，而讓你等待更久。

　　此外，首次寄出收據時，請打電話給對方，確定一切都符合規定，讓款項能準時付清。

　　如果可以，請每天都請款收帳。在長期專案初期，就先要求對方支付訂金，且至少一個月付款一次。

12　銷量是假的，利潤才是真的

　　某位會計師在回顧公司稅務時，與他的客戶有了以下的對話：

　　「你們今年表現不錯。」
　　「其實不然。」
　　「怎麼說？」
　　「看看財報的底部吧，幾乎和去年沒什麼改變。」

　　會計師關注的是財報頂部的成長，老闆關注的卻是底部（按：營收通常位於損益表的頂端，而利潤則位於底部）。

　　重點不在於產生多少收益，而是能留下多少；銷售量是虛假的，利潤才是真實的。

　　財報的頂部固然重要，但底部更加關鍵。許多小型企業負責人會吹噓他們的年收益如何成長，卻幾乎沒有人炫耀獲利的成長。隨著公司成長，請追蹤每小時的間接成本（按：企業在經營中，除去人力成本、原材料成本外所持續投入的

費用。參見第 43 小節）和每小時淨利（參見第 44 小節），以確保公司的獲利性未有減損。每年都計算上述兩種數值、每一季都加以回顧。

把焦點從財報頂部，轉移到底部的成長——也就是提高你的淨利。

營收增加的可能原因：

● 由於原料／設備成本增加，公司提高售價。

● 假如公司的每小時淨利不變，那麼就算營收增加，公司仍是原地踏步。

● 假如公司的每小時淨利降低，即便營收增加，公司很可能正在衰退（必須釐清原因）。

● 假如公司的每小時淨利提高，營收也更高，那麼公司很可能正朝著對的方向前進。

別忘了，**每小時淨利是淨營業利潤，除以可計費或產生收入的工時**。換個角度來看：每個可以產生收益或計費的工時，有多少營運淨利落入底部？更深入來看：

● 假如平均帳單價格或專案平均收益提高，只是為了彌補額外的支出，那麼公司就是原地踏步。

● 假如平均帳單價格或專案平均收益提高，是因為員

工加入額外的服務／產品，那麼公司正在進步。

● 假如成交率比去年更高，也代表公司正在進步。

重要的是，我們必須了解營收為何增加，利潤卻維持不變，才能持續做對的事，並改善不夠好的地方。

我個人認為，**最需要追蹤的是每個小時的淨利。假如提高，代表方向正確，想想公司哪裡改善了；假如降低，也請找出原因。**

我們當然希望看到公司財報的頂部提升，但更重要的是，底部也必須提升。

13 讓員工也在乎獲利的方法

　　「老闆負擔得起，他有足夠的錢發獎金。」如果員工不清楚成本和利潤，他們就會這麼想；如果你建立分紅制度，員工才能了解成本和利潤的關係。他們會開始在乎，因為事關他們的獎金。

　　實施獎金和分紅制度，是為了回報管理階層和員工幫助公司獲利。老闆將財富分享給幫助他們賺錢的人。

　　獎金和分紅通常會在財政年度結束後的兩個月內發放，按照下述的分配方式分給管理階層，其他員工則依照不同的方案。獎金和分紅不應在佳節期間發放，否則可能被員工解讀為禮物，無論該年公司盈虧都會期待收到。

　　獎金分為兩個部分：管理階層和員工。

管理階層獎金計畫

　　優秀的管理者所扮演的角色，就是用具備獲利性的方式，好好照顧客戶和員工。每個部門的主管都應該加入獎金

計畫，只要部門表現良好，就會收到獎勵。獎金發放的步驟如下：

單獨審視每個部門，評估其獲利性。假如有所獲利，那麼部門主管就能分到利潤的特定百分比。每位主管分配的比例，等於其部門占總獲利的比例（扣除特殊費用前）。

營運淨利的定義，就是在扣除獎金和特殊費用（例如公司老闆決定給自己一份紅利獎金）前，一般銷售額扣除該部門的經常性花費。

例一：主管甲的部門在 60 萬美元的總銷售額中，實現了 10％ 的營運淨利。其部門的獲利是 6 萬美元。於是，甲會獲得該部門獲利的 10％（也就是 6,000 美元）。

例二：部門的銷售額是 60 萬美元，淨利是 15％ 的 9 萬美元。因此，甲會收到 9 萬美元的 15％，也就是 1 萬 3,500 美元的獎金。

會計部門的主管通常會收到每個部門獲利的 1％。在計算主管階層的獎金之前，會先將庫存調整納入考量。

管理者的能力，會直接影響他們的分紅獎金。獲利性越高，獎金就越高。

員工獎金計畫

　　員工的收入取決於他們的薪酬方案（時薪或月薪，加上獎金），以及年資。企業負責人會決定，每年要將淨利的百分之多少加以分配。一般來說，比例會介於 10％～25％之間。剩下的淨利則會留存，以支持公司的成長、發配管理階層的獎金，以及負責人分配給自己的部分。

　　員工獎金的計算方式，是根據每位員工在總體薪酬所占的比例和年資。參考以下範例：

　　員工一：總年薪資 2 萬美元，年資 3 年。
　　員工二：總年薪資 6 萬美元，年資 1 年。
　　員工三：總年薪資 3 萬美元，年資 5 年。

　　三位員工總年薪是（20,000×3）＋（60,000×1）＋（30,000×5）＝270,000 美元。因此，員工一的比例是 60,000／270,000＝22％。假如分配的淨利是 1 萬美元，那麼員工一的獎金就是 2,200 美元。

14 業績目標，請員工自訂

只靠自己一個人做不到所有事情。請你的員工幫忙，他們通常都有很棒的想法能幫助公司。假如主管不問，那麼遇到問題，或是在公司成長期需要幫助時，就不可能得到好的建議。

舉個例子：每年 2 月都是某公司營收最低的月分，老闆對這樣的趨勢感到厭倦，想要改善。他檢視過去 3 年中，所有 2 月的營收，接著訂定最低的營收目標——或許有點勉強，但不是不可能。

老闆把想法和全公司分享。他告訴員工們前幾年的營收數字，然後請他們想想公司能做些什麼。他讓每個人都發表看法，提出可行的方案（沒有說出他的目標營收）。員工們訂下的目標超出他的想像，但沒有人認為做不到。

假如公司達成目標，老闆就會帶員工和他們家人，到城裡的高級餐廳吃牛排。公司也會支付當晚的保母費，讓大家都能出門享受美好的夜晚。於是，該公司順利達成目標，所有人都度過快樂的一晚。

不必是公司的營收競賽，可以是增加潛在客戶的比賽，或是增加計費工時（參見第 19 小節），也可以是改善公司任何部分的競賽。

重要的是，必須追蹤並溝通大家努力的結果。可以在牆上貼進度表或其他圖表，讓大家看到目標進度。最好每天或每週更新。

訂下 1 個月或 3 個月的目標，詢問員工達成目標後，想要什麼獎勵。確認每個員工都有所貢獻，並相信目標可以達成。大部分的企業在實施這樣的競賽後，會驚訝的發現員工們有很多好的想法，且充滿動力。

每個人都能獲得好處——顧客、員工和公司都不會有任何損失。

15　預算，從想獲得多少利潤倒推

「你欠國稅局 2 萬 5,000 美元的稅金。」假如你不清楚公司的各種數據，很可能在報稅季接到這樣的電話。因為你今年獲利，所以要繳很多稅。

如果能掌控預算並追蹤結果，就能避免這樣的驚喜。

不過，該如何規畫預算？不幸的是，許多人的預算都不是根據實際計畫的營收和成本執行：例如，直接在營收增加 5％、在支出增加 7％ 的費用來得到預算。

這樣的預算規畫就像是亂丟飛鏢，只會對公司造成危害，沒有好處。因為沒有提升營收的計畫，對於增加的支出如員工加薪、保險或其他成本，也沒有對應的規畫。

有些企業負責人會自行決定想要的年營收，然後才想到計算利潤。假如對利潤不滿意，就會再次提高目標營收。因此，他們實際上是在腦中決定想要的利潤，然後以此為據來調整目標。

先決定自己想要的利潤，然後再判定需要多少營收才能得到這樣的利潤，由下而上，從損益表著手。一旦知道理想

利潤所需要的營收，就可以開始思考如何達成。這就是由下而上的預算訂定。以下是做法：

　　1. 寫下公司的季度性獲利。或許在 1 月、2 月、3 月蒙受損失，在 6 月、7 月和 8 月獲得不錯的利潤。這些是你每個月收入的百分比。有幾個月可能是負數。

　　2. 了解每個月的比例後，決定你追求的總利潤金額。把總金額乘以每個月的百分比，就能知道每個月要賺多少錢。

　　3. 判斷每個月的營運費用。檢視每個月實際花費的營運成本，加上薪資、保險和其他支出，就能估計每個月的營運費用。

　　4. 把每個月的淨利和營運費用相加，這就是每個月必須賺進的毛利。

　　5. 查看每月的毛利率（毛利除以銷售額）。這些數據應該每個月都相對穩定。

　　6. 把預算的毛利率除以每個月的毛利率，這就是每個月必須創造的營收。

　　現在，該決定要如何產生營收了！每個月收到財報時，把實際結果和預算對照，哪些超出預算、低於預算，以及找出較高或較低的原因。假如你的營收高於預期，該如何維持？假如支出高於預算，該如何在未來的月分減少支出？

　　還有一件事：別把預算放在 QuickBooks。也許你會認為這個想法很瘋狂。

　　由下而上的預算至關緊要，然而，大部分會計軟體的預算方法，只會創造虛假的安全感。在多數的軟體中，當你輸入預算，它會報告當月實際收入與預算的差異，也可能提供該年度的累計數據。光是這些，無法做出良好決策。

　　預算應該基於過去的營收和支出訂定。如此一來，你才會知道支出是否過高、營收是否低於或高於預算等。

　　下頁圖表 4 是某間公司預算和實際結果對照的例子。

　　每年的開始，預算和實際呈現相同的顏色。我列出了兩個月的實際數值（以灰色標示）。公司該年度的預算是 220 萬美元。兩個月後，假設公司後續的月分也能照預算表現，那麼實際的收入應該會是 221 萬 4,437 美元。該年的第二個月分過後，公司在營收方面幾乎都能達成預算。但是，QuickBooks 並不會告訴你這些資訊。

　　總毛利預估值是 121 萬 1,283 美元，而假如後續月分也都能達成預算，那麼，由年初迄今判斷，則會是 121 萬 9,824 美元。在兩個月後，公司超出預算大約 8,000 美元。

　　你可以看到實際支出和預估營運成本的對比。可以從年度預算的角度來看，自己是否花費太多。當然，QuickBooks 也不會告訴你這些。

　　每個月，當你檢視預算和實際數據時，就能看見自己在

圖表 4　預算和實際結果對照（以下單位皆為美元）

	1月 7%	2月 7%	3月 7%	4月 7%	5月 8%	6月 9%	7月 9%
營收							
服務	152,426	163,279	154,000	154,000	176,000	198,000	198,000
維護協議	204	508	490	490	560	630	630
總營收	152,630	163,787	154,490	154,490	176,560	198,630	198,630
銷售商品成本							
勞力	46,739	43,664	37,078	37,078	42,374	47,671	47,671
原料	38,598	9,205	32,443	32,443	37,078	41,712	41,712
銷售績效獎金	10	90	30	30	30	30	30
其他	0	0	154	154	177	199	199
銷售商品總成本	85,347	52,959	69,705	69,705	79,659	89,612	89,612
毛利潤	67,283	110,828	84,785	84,785	96,901	109,018	109,018
營運成本							
聯邦保險	6,369	7,757	6,484	6,484	6,484	6,484	6,484
聯邦失業保障稅	655	120	66	66	66	66	66
州失業保障稅	1,089	987	682	682	682	682	682
其他薪資支出	1,498	1,673	1,620	1,620	1,620	1,620	1,620
管理者	900	244	448	448	448	448	448
企業	328	326	357	357	357	357	357
健康保險支出	5,796	5,276	6,516	6,516	6,516	6,516	6,516
保險支出	2,563	4,045	4,136	4,136	4,136	4,136	4,136

年度預算上的進度是超前或落後。根據這個結果，採取必要
的行動。

　　假如該年的第 6 個月底，你的進度遠遠落後，就必須思

8月 10%	9月 9%	10月 11%	11月 9%	12月 7%	總計 100%	實際結果
220,000	198,000	242,000	198,000	154,000	2,200,000	2,207,705
700	630	770	630	490	7,000	6,732
220,700	198,630	242,770	198,630	154,490	2,207,000	2,214,437
52,968	47,671	58,265	47,671	37,078	529,680	545,928
46,347	41,712	50,982	41,712	32,443	463,470	446,387
30	30	30	30	30	360	400
221	199	243	199	154	2,207	1,898
99,566	89,612	109,519	89,612	69,705	995,717	964,613
121,134	109,018	133,251	109,018	84,785	1,211,283	1,219,824
6,484	6,484	6,484	6,484	6,484	77,806	78,966
66	66	66	66	66	798	1,435
682	682	682	682	682	8,184	8,896
1,620	1,620	1,620	1,620	1,620	19,445	19,371
448	448	448	448	448	5,372	5,624
357	357	357	357	357	4,281	4,224
6,516	6,516	6,516	6,516	6,516	78,179	76,232
4,136	4,136	4,136	4,136	4,136	49,636	47,968

考該如何努力彌補、達成預算，或者是否需要修改預算。

　　如果公司在今年 6 個月後，收入和利潤遠遠超出了預算，那麼需要問一個問題：我們做對了什麼，或者我們是否

需要更改預算？

QuickBooks 根據損益表提出預算相關報告的方向，沒辦法呈現這些訊息。我們需要更多細節，才能妥善經營公司。每週都應該回報營收。

把實際的數字加入預算表，比瀏覽 QuickBooks 報告更花時間，但是，多花一些時間輸入數字，才能讓我們更清楚公司每個月的財務狀況。接著，你可以採取行動——維持好的，或是找出支出超過預算的原因，並加以修正。

16　每個員工都該有 KPI

　　我時常聽見企業負責人和管理階層抱怨他們討厭進行年度檢討。大多數人會不斷拖延，甚至決定不這麼做。最常聽到的原因是：員工只在乎是否可以加薪，根本不在乎檢討報告的內容。

　　假如你也很討厭檢討表現，是時候該改變檢討的方式了。首先，**每個員工都應該要有關鍵績效指標**（Key Performance Indicators，以下簡稱 KPI。按：衡量一個管理工作成效最重要的指標，是一項數據化管理的工具，必須是客觀、可衡量的績效指標），清楚定義他們在公司內的職責。他們要負責哪些部分？衡量的標準是什麼？可接受的表現基準是什麼？假如超出 KPI 會如何？有獎金制度嗎？

　　每週、或至少每個月，定期和員工溝通他們的 KPI。如此一來，年度總檢討就不會太令人措手不及。而關於績效評估，請注意以下幾點：

● 假如你討厭這麼做，你的員工也會討厭。你的態度

會影響他們的態度。找個可以正向進行的方式。

● 檢討不該是突襲式。每個員工都應該知道自己的 KPI，以及自己每週或每個月的表現。假如你一年只針對 KPI 溝通一次，意外就在所難免。

● 檢討不需要包含加薪。檢討表現就只是針對表現。良好表現帶來的加薪或調漲津貼，請和檢討分開討論。

● 檢討時應以 KPI 為基礎。最低標準是什麼？假如表現超乎標準呢？這時候可以提出加薪或獎金。

● 每個銷售人員都要有配額和成交率的最低要求。

員工應該要很清楚評估標準，以及達到最低 KPI 的獎勵。而給予他們的獎勵不限於金錢，也可以是休假。

請時常和員工溝通他們的 KPI。假使這麼做，年度檢討就不會令人毫無準備，對所有人來說都會愉快許多。

17　限制權限，把倉庫鎖起來

假如你有倉庫，是什麼樣子呢？

倉庫超市（warehouse supermarket）指的是員工有取得庫存資源的所有權限，沒有任何東西是上鎖的。無論是否有需要，員工可以在任何時間取得任何他們想要的東西。他們有容量無上限的購物車，可以隨意拿取倉庫的東西。

員工會從貨架上直接拿走需要的物品。例如：「單子上說我需要 10 雙靴子，那麼我拿 12 雙好了。」、「我最好多拿一箱彈性膠帶，以防萬一。」但是，這些東西會歸還嗎？大部分都不會。

當你檢視公司的貨車時，可能會發現裡頭有上千美元的備用品，有些早已因為在車裡撞來撞去而毀損。

在倉庫超市的環境中，你無異於讓員工們拿著空白支票在倉庫裡閒逛。他們在拿取需要的工具和原料時，連眼睛也不會眨一下。因為他們不需要為這些東西付錢，他們會認為老闆負擔得起這些成本。

不要再把倉庫當成超級市場了，限制進入庫存的權限。

在展開任何企劃前，先列出原料清單，限制員工只能取用清單上的原料。

當然，重新制定規矩會需要一些時間，習慣自由取用的第一線員工可能會抗拒。假如公司需要專門的人負責倉儲管理，就僱用一位。如果多付一份薪水，就能提升生產力和降低原料成本，那麼可以說再划算不過。

把你的倉庫鎖起來，也鎖起你的零件庫和工具室。這才是留下辛苦錢最好的方法。

18 將保固成本視為獨立支出

「你們的保固成本有問題。」我對某位企業負責人這麼說，他的會計也這麼告訴他。我清楚看到，這間公司花費許多支出在保固和退貨（瑕疵品）之上。

但是，老闆卻充耳不聞，他無視我好幾個月，導致問題越來越嚴重。

會計和我都知道，老闆只看公司損益表的最底部（直到他意識到，資產負債表更為重要）。於是，我請會計改變損益表上支出項目的順序，將保固和退貨的成本置於上方。損益表底部的數值沒有改變，只是改變支出項目的排版，老闆終於注意到高額的保固和退貨支出。

這個問題很快就被解決了。我們可以移動損益表上的順序，只要數據無誤就好。有時候就是得這樣做，才能幫助老闆注意到問題。

一旦注意到問題，就有方法解決。**檢視損益表時，請將保固成本和退貨視為獨立的項目（或部門），並持續追蹤。**如果不這麼做，問題就永遠不會浮現，會使公司無法獲利。

19 研發新品，持續販售舊產品

「我們沒事可做。」這應該是你最不想聽到員工說的話。大多數時候，這樣的情況之所以發生，是因為你的公司營運以「銷售－生產曲線」（sell-produce curve）為基礎（參見圖表 5）。

圖表 5 　銷售－生產曲線

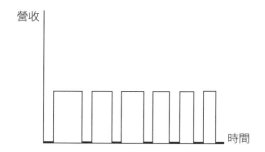

銷售－生產曲線通常出現在生活方式型企業，或是小規模的工具型企業，因其通常沒有專職的銷售人員。

以銷售－生產為營運基礎的公司，在得到新的案子之

前，會持續進行銷售。在銷售期間，公司會停止生產能帶來營收的產品；當公司獲得新案子時，會停止銷售來生產產品。若尚未排定下一項工作，公司又開始進行銷售。

　　在生產期間，請隨時保持一定程度的銷售和行銷活動。如此一來，在一項工作結束前，就可以著手下一個案子（參見圖表6）。

圖表6 持續行銷的銷售－生產曲線

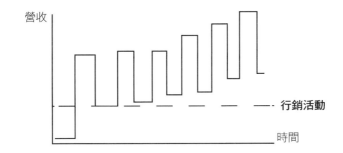

　　如果持續行銷，公司在生產產品的同時，也能產生銷售收入。接著，手上的工作案子完成後，另一個案子已經準備好執行。公司的營收才不會因為枯等下一個案子而歸零。

20) 一捲膠帶，竟多花 250 美元

一捲 6 美元的封箱膠帶，實際上值 252.5 美元！

某位空調安裝人員在工作期間，把膠帶用完了。他回到卡車上，卻找不到備用膠帶。回到辦公室，發現倉庫裡也沒有，他只好到五金行買了一捲。然後他才回到客戶家中完成工作。

聽起來很誇張，卻是真實故事。以下將計算這捲膠帶對公司來說，耗費了多少成本：

● 停下工作，回到車上、辦公室：45 分鐘。
● 在倉庫裡尋找膠帶和相關負責人：15 分鐘。
● 前往五金行：30 分鐘。
● 在五金行找到膠帶（順便看看其他工具）：30 分鐘。
● 回程：30 分鐘。

移動總時數：2 小時 30 分鐘。假如安裝工人的時薪是 23 美元，間接成本是每小時 28 美元。那麼，膠帶之旅的直

接成本會是：51×2.5＝127.5 美元。

此外，他也損失了 2.5 小時的工作生產力。由於去買膠帶，工時也被迫延長，所以，公司得付額外 2 小時的加班費，才能在當天把工作完成，讓客戶家中的空調順利運轉。

額外的工作成本：

● 加班費是每小時 34.5 美元，間接成本仍是每小時 28 美元。

● 膠帶之旅的加班成本：62.5×2＝125 美元。

● 膠帶的總成本：127.5＋125＝252.5 美元。

你或許會爭辯，加班的間接成本應該稍微低一點。然而，這些成本依舊存在。重點在於，原物料用罄的代價非常高昂。請確保你的員工都有工作必須的原物料，別讓一捲 6 美元的膠帶多花了 250 美元！

21 沒訂單時，讓員工回家

「我不理解我們為什麼賺不到錢。」某位企業負責人困惑的說，他認為他的定價很正確。根據他的計算，公司的案子都有獲利性。然而，公司幾乎賺不到錢。

他後來才發現，帶來營收的員工僅有 50％ 的時間發揮生產力。這意味著，他們剩下 50％ 的時間都只是間接成本，公司付薪水讓他們什麼都不做。而這些沒有生產力的時間，在估計預算時並未列入考慮。

這讓該公司的老闆非常震驚，然而，一旦看清楚自己的錢花在哪些地方，就可以做出改變。他開始確保員工的工時都有生產力。

當沒事可做時，他會讓員工回家（在過去，員工每天從早上進入公司，直到傍晚，只是為了填滿一天的工時）。

公司老闆也讓計費工時成為競賽（參見第 14 小節）。計費工時增加、營收增加，公司的淨利也隨之增加，只要員工讓計費工時維持在特定比例以上，還能得到一筆季度獎金。

22　假如廣告有效，就先別顧慮預算

我曾經和一位同意並執行某個宣傳活動的客戶，有過以下的對話：

「我們在廣告上花了 1 萬 1,000 美元，但實際預算只有 5,000 美元。」

「所以呢？」

「實在是花了很多錢，超出預算了。」

「你從廣告中產生多少營收呢？」

「超過 5 萬美元，我們還持續收到訂單。」

說到這裡，他突然意識到廣告其實有用而安靜下來，這 1 萬 1,000 美元雖然超出預算，卻是很好的投資。於是，我問了下一個問題：「你會再做一次嗎？」

「當然。投資 1 萬 1,000 美元，賺進 5 萬美元，這對我們來說是非常值得的投資。」

他抓到重點了。應該把錢投資在廣告行銷，直到無法再

獲利。一開始的預算不重要,重點是成果。

請追蹤廣告的成果。如果廣告有效,即便一開始沒有編列相應的預算,也應該持續宣傳,直到獲利性降低。廣告的成果會告訴我們,在這樣的情況下,初始預算並不重要。假如你最終花了 11 萬美元,產生 50 萬美元的獲利,那麼,就算最初的預算僅有 5,000 美元,也該繼續下去。

23 花在行銷上的錢，怎麼評估損益？

　　把公司資金投入行銷和廣告之前，請先計算這樣的支出是否能帶來獲利。無論是選擇報紙、電視、網頁、信件、社群網站或其他廣告媒體，在投資之前都應該思考、評估，怎樣的成果才算值得。

　　計算方式很簡單。以下將示範如何估算某項投資是否值得，以「露絲法則」為例子（參見第 32 小節）：

　　寄送 1,000 張明信片損益平衡的費用是多少？其中必須包含明信片的設計、印刷和郵寄成本。

　　請把上述的成本除以該部門的毛利率。

　　假設每張明信片（包含郵寄）的成本是 0.5 美元，部門的毛利率是 55%，寄 1,000 張明信片的成本是 500 美元。損益平衡的費用就是 500 美元除以 55%，亦即 909.09 美元。

　　假如你宣傳的產品每賣出一個，能產生 89 美元，那麼你得生產 10.21 個。在第 11 個產品後，你就會開始獲利。

　　你能從 1,000 人名單中賣出 11 個產品嗎？也就是 1.1% 的回報率。這取決於明信片寄給誰，以及明信片上的折扣。

假如你的名單來自資料庫中，過去幾年來都不曾和你交易的人，答案或許是可以。然而，如果 1,000 張明信片是寄到你不曾涉足的地區，那麼答案很可能是無法。這樣的郵寄廣告，帶來的回報率很可能不到 0.5％。

以下是另一個例子：你每個月支付網路服務公司 1,500 美元來維護你的網站，而公司的毛利率是 45％。那麼，你的網站每個月必須賺進多少錢，才能打平網路維護成本呢？

答案是將 1,500 美元除以 45％，每個月要 3,333.33 美元。公平起見，要看一整年的成果，因為這可能存在季節性的差異。那麼，一年的損益平衡費用會是 4 萬美元，網站能帶來這麼多營收嗎？

如果想找到答案，唯一的方法就是追蹤客戶和訂單來源。假如新的客戶聯繫公司，就應該詢問對方是從哪裡得知消息，或是在哪裡聽過你的公司。

假如客戶的答案是網路搜尋，那麼你就可以把該客戶帶來的營收，歸功於網站維護。

因此，在置入任何廣告之前，請先思考結果是否能超過損益平衡。

24　維持經常性收入

　　某天，我在計算一間企業的市值，不幸的是，我必須告訴這位老闆，在投入了超過 40 年的努力後，他的公司只值 10 萬美元。他沒有太多資產或忠實客群，也沒有經常性收入的計畫。他曾經以為維護計畫（也就是該產業的經常性收入）並不重要，因此幾乎沒有相關產品或服務。

　　經常性收入計畫能打造出忠誠的客群，每個月、每一季或每一年都向你買東西。這類的計畫能提供你的客戶，和家人、朋友、鄰居與同事討論公司產品的機會。

　　無論是生活方式型、工具型或轉型企業，都應該有經常性收入計畫。這對生活方式型企業特別重要，因為他們的事業可能完全仰賴每個月、每一季或每一年都消費的顧客；對於工具型和轉型企業來說，公司市值越高，就需要越大型的經常性收入計畫。如此一來，在公司要轉手時才能有更高的價值。

　　經常性收入計畫能帶來預期的銷售和現金。這些現金能用來支持你的生活風格、支付營運費用，並建立現金儲備。

請思考你的公司每個月、每一季或每一年,能提供給客戶什麼,給他們加入計畫的理由。

計畫的福利可以包含健身房會員、網路串流平臺、付費軟體支援,或是住家/公司維護計畫,提供草皮修剪、水電維修、暖氣或空調等服務。

經常性收入計畫可以是免費的,例如餐廳讓顧客集點,以換取免費的開胃菜、餐點或點心等。也可以是每月投資(例如健身房、網飛〔Netflix〕,或是俱樂部會員)。

計畫可以分成不同等級,點數越多,就能換取越多福利;也可以收取年費,例如付費軟體支援或亞馬遜影音(Amazon Prime Video)的會員資格。

詢問你的客戶,創造並調整你的計畫,增加吸引力,他們會成為你的常客。如果有強大且不斷成長的經常性收入計畫,就能幫助你達成理想的生活風格和商業目標。

強大的經常性收入計畫能讓你成為自己的銀行。每個月,當你收到客戶的帳款後,請存入會支付利息的儲蓄帳戶。這會減少公司對銀行信用額度的依賴。這樣的資金會快速累積,在你有需要時成為現金來源。把利息付給自己,別再付給銀行了!

25　靠老主顧推薦

「如果您願意幫我把這些交給老闆，真是幫了大忙。我從事水電和暖氣相關服務，希望您和您的同事給我機會。」我和某位客戶共進晚餐時，他一邊這麼說，一邊把兩張名片交給餐廳經理。

我的客戶因此受到推薦，得到新的案子。他從不害怕開口尋求機會。你常光顧哪些餐廳？你還會到哪些地方消費？這些都是潛在的客戶。

推薦並不是最便宜的廣告形式，不過，推薦是最佳的宣傳。你的客戶可能會和朋友、同事、親戚或鄰居，談到與你交易的愉快經驗。對方聽到以後，如果有類似需求，就會打給你的公司。假如對方的經驗是正面的，就會再推薦給其他人，公司不用花任何一毛錢打廣告，就能得到新案子。

有些人會替你推薦，不求回報；有些人則希望在提供潛在客戶時，收到一些回饋。無論如何，強大的推薦計畫（referral program）能幫助你發掘更多潛在客戶、接到更多生意，領先競爭對手一步。

此外，**推薦而來的生意通常比較容易談成**。你的公司曾經為對方的朋友或鄰居提供很棒的服務，因此你和客戶之間已經有一定程度的信任。儘管提出較高的報價，但由於有人為你推薦，你仍可能贏得這筆交易。

谷歌（Google）評論、Yelp（按：可以對餐廳等場所進行評價的網站）評論和其他網站的網友現身說法，都有利於你的推薦計畫，同時，也應該在公司網站上放上使用者推薦的影片。

大部分的人在發現需求時，會先上網找資料。他們想找到特定的器材、公司或故事類型。**客戶的現身說法能傳達公司的正面訊息**。這至關緊要。假如客戶沒有認識的公司，那麼，在網路上搜尋的結果，就有可能讓他打電話聯絡你。

推薦和提醒的計畫可以是被動或主動的（也就是比較巧妙或直接的）。被動的計畫代表你不會宣傳自己，而是透過送花、感謝卡或其他驚喜。你希望這些驚喜能鼓勵對方持續推薦你的公司。

主動的推薦計畫，是認真告訴所有客戶該計畫的存在和內容，以及參與的好處。有些客戶會選擇參加，其他則不會。這類計畫通常會提供禮物卡或現金為回報。

宣傳方式可以很簡單，例如將資訊寫在名片背後，也可以在電子報或聯絡客戶的郵件中提及。

以下有兩個關於推薦的故事：

　　例一：甲公司的銷售員表現優異，定價也正確，卻沒能贏得交易。這位銷售員詢問客戶他失敗的原因。客戶說，她和丈夫左右為難，因為兩間公司的報價都很好，他們也很喜歡甲公司的銷售員，兩間公司的銷售員也都沒有犯任何錯。之所以決定給另一家機會，是因為同事推薦。

　　例二：乙公司決定，給被推薦的客戶 50 美元的回饋。公司老闆雖然不抱期望，還是向每位客戶提到這件事。

　　第一個月，他得到 8 個潛在客戶、談成 6 筆交易。其中 2 筆交易，他的報價甚至高於競爭對手。他發覺，自己能贏得這些生意，是因為受到推薦。

　　他的推薦計畫指數成長，因為，最初受到推薦而來的客戶，也繼續向其他人推薦。幾個月後，他認為這 50 美元介紹費是非常便宜的支出，他只希望自己能更早開始這麼做。

　　推薦計畫不需要太複雜，但必須持續進行。這意味著如果是口頭宣傳，那麼銷售員在每次工作結束時，都得向客戶宣傳。所有公司職員都必須了解這個計畫，在客戶詢問時才能好好解釋。

　　除此之外，讓公司成員和客戶一樣，有機會贏得推薦獎勵，他們也會開始為公司帶來新的客戶。

26 假如廣告沒帶來客戶，馬上喊停

如果你的朋友說，他們在電視或收音機聽過你，也不代表你的廣告計畫有效，除非他們因此購買了你的產品。

當客戶聯繫你的公司時，員工應該詢問他們是從哪得知的。是有人介紹、網路搜尋、電臺、電視廣告，還是其他管道。假如客戶回答，他們是在網路上搜尋到的，就進一步問他們為什麼會想點進網站。很多時候，答案都是他們聽過或看過你的廣告。

請記得詢問客戶接收到廣告的管道，並記錄下來。為不同的廣告媒體，分派特定的電話號碼，能讓你更輕鬆的追蹤客戶。分析不同客戶的來源，你就能知道不同的廣告計畫會吸引多少人。

接著，追蹤這些客源能帶來多少營收。假如廣告沒能帶來客戶，就別再浪費錢了！

27　發獎金給達成目標的員工

某公司第一次檢視每位技師、每次提供服務能帶來多少收益。主管很震驚的發現，經驗較少的技師，平均營收反而較高。他們本來打算公布相關數據，但主管意識到，這麼做會讓資深的技師顏面無光。

於是，他把每位技師叫進辦公室，讓他們看看其他同事的營收（在匿名的情況下），並提供每位技師提高營收的方法。接著，主管也提到，三個月後，每個月都會公布所有員工每次到府安裝所帶來的收益。

這招很有效。經驗豐富的技師為了不丟臉，於是試圖提高每次服務的營收，逐漸超越經驗較少的技師。

公布數字後，每個人的營收都提高了。消費者受到更好的照顧，部門的財務狀況也隨之提升。

大部分的員工都想知道，自己的表現是不是比同事好。請確保你最資深的員工，不是生產力最差的。假如是，請提供他們加強生產力的方法。接著，告訴他們會公布每個月的收益，讓大家知道自己的表現。這通常會成為員工間的競

賽，因為大家都希望能成為第一名。

　　最後，可以考慮每個月都頒發獎金給達成特定目標的員工。如此一來，不僅客戶受到更好的服務、員工得到更高的收入，公司也有了更多的營收。

28 沒有帶來收益的交易，業務員不准分紅

「我不知道他毀了這麼多潛在的生意。」某位主管正在回顧 3 名銷售員的季度表現。

每名銷售員都會分配到 30 位潛在客戶。他注意到，銷售員丙雖然成交率最高，獲利性卻最低。丙為了成交並得到分紅，選擇削價競爭。

圖表 7 顯示某段期間的成果，光是成交率，是無法反映完整狀況的。成交率最高的銷售員，不一定最出色。

圖表7　銷售員的成果

	銷售員甲	銷售員乙	銷售員丙
提案數	30	30	30
成交數	10	8	20
成交金額（美元）	20,000	32,000	20,000
平均銷售額（美元）	2,000	4,000	1,000
成交率（％）	33	27	67

　　銷售員丙的成交率或許最高，但平均銷售額最低，成交金額與甲相同。儘管乙的成交率最低，銷售額卻最高。

　　接下來，進一步看看獲利性：

圖表 8　銷售員獲利性

	銷售員甲	銷售員乙	銷售員丙
平均銷售額（美元）	2,000	4,000	1,000
毛利率（％）	40	40	40
毛利（美元）	800	1,600	400
每筆交易的間接成本（美元）	50	50	50
營運淨率（美元）	300	1,200	−600

　　銷售員乙的成交率雖然最低，但獲利性最高；銷售員丙的每一筆交易都讓公司虧損，所以他根本不應該在賠本的交易中得到分紅。給丙的指示應該是：「就算成交率降低，也請把你的最低平均銷售額提高到 2,000 美元以上。**如果交易沒有帶來獲利，公司不會讓你分紅。**」

29　無法帶來獲利的客戶，剔除

「我們快要倒閉了，但我們不在乎。」三位合夥人在檢視客戶資料庫，決定要剔除誰時，對彼此說。那時，財政年度即將結束，他們厭倦和某些客戶往來，因為這些客戶讓他們付出許多成本。這類客戶如下：

- 不斷抱怨。
- 總是要求折扣。
- 在被催促前不會付款，或總是拖延 60 到 90 天以上。
- 對自己的員工很粗魯。

三位合夥人在檢查完客戶清單後，決定剔除 10％ 的客戶，這讓他們有些焦慮，但最終仍無情的下定決心。

他們和預計剔除的客戶見面，說明隔年不會再接對方的案子，也給這些客戶一張清單，列出可能願意接案的公司。

令他們意外的是，公司隔年的獲利竟然提高了。他們了解到，自己**不需要與無法帶來獲利的客戶**周旋，可以把時間

花在能獲利的客人上。因此，往後每年年底，他們都會審視客戶清單，決定是否剔除任何人。

真正令他們驚訝的是，第三年開始，有些停止往來的客戶反而來聯絡他們，希望能再次合作。而公司告訴對方，必須準時付款，且不再抱怨。

這些客戶之所以回頭，是因為他們領悟到，沒有其他公司能提供更周全的服務。

不要害怕剔除沒辦法獲利的客戶。如果你需要貼錢才能執行對方的案子（每小時淨利低於零），為什麼要留下這種客戶？

30 在公司車安裝 GPS

　　某間公司的員工被開了超速罰單，但員工的車上裝有全球定位系統（Global Positioning System，以下簡稱 GPS），也知道自己並沒有超速。他請主管調出車輛的 GPS 報告證明，罰單因此註銷。員工很高興自己沒有犯錯，駕照也不會因此被記點。

　　GPS 能讓企業追蹤公司車輛的移動路徑。只要保持系統開啟，企業隨時能掌握車輛位置。

　　首先，請確認法律規定。以田納西（Tennessee）為例，該州有制定安裝 GPS 的相關法律；也有其他州要求雇主在設置追蹤系統前，必須讓員工簽名，表示他們知道該系統存在。在定位系統合法的地區，幾乎所有擁有公司車的企業都會安裝。

　　在幾個月內，安裝和維護系統的費用，會被降低的燃料稅抵銷（按：登記為營業用的汽車，牌照稅和燃料稅會比自用車便宜）。會抱怨定位系統的，多半是濫用車輛的員工：他們會在週末時違約使用車輛，並前往不該前往的地點。

GPS 同時也關乎安全。我曾看過定位系統救人一命的新聞——某位員工在卡車內昏倒，開進水溝裡（幸運的是，他沒有撞到人）。當公司發現他沒有準時抵達目的地時，勤務中心找到卡車的定位，並打電話報警。

GPS 能證實你的員工是否出現在正確的地點，以及待了多久。有時客戶會抱怨，你的員工沒有準時出現，或是質疑他們開車的時間。這時，GPS 就能告訴客戶員工何時會抵達、待了多久，化解客戶的怨言。

勤務中心或其他負責安排駕駛的員工，也能掌握駕駛的位置和移動時間，安排路線時能更有效率、節省燃料，也幫助員工在一天內產生更多營收。

31 告訴員工，該做多少營收才對得起薪水

　　幾年前，我發明「露絲法則」，來計算特定的支出，例如出售產品的成本或營運支出等，需要多少營收才能打平。

　　當求職者在應徵直接銷售（能為公司創造收入）職位時說：「我希望時薪為 X 元。」露絲一號法則就派上用場。

　　此時，你的回答應該是：「那麼，你一小時能賺 Y 元嗎？」你可以用露絲一號法則來計算 Y 值（毛利率以百分比呈現）：

$$銷售＝直接支出／（1－毛利率）$$

　　以下是一號法則實際運用的例子：你想要僱用新的銷售員工，對方經驗豐富，開出 40 美元的時薪。假設該部門的毛利率是 52％，獎金是薪水的 30％，而運輸成本每小時 10 美元（全美國平均），1 年的工時有 2,080 小時。

- 年薪＝40×2,080×（1＋30％）＝108,160 美元。

- 運輸成本＝10×2,080＝20,800 美元。
- 總成本＝108,160＋20,800＝128,960 美元。
- 需要的營收＝128,960／0.48＝268,666.70 美元。

這位員工 1 年能帶來 26 萬 8,667 美元的營收嗎？如果答案是肯定的，那麼 40 美元的薪資就合情合理。

對於任何直接成本的員工，都該這樣計算。假如此人想要 30 美元的時薪，就計算他必須帶來多少營收，才能付得起薪水。

每個銷貨員都必須知道，他該取得多少營收才對得起自己的薪水。而企業可以在營收達標時，發獎金鼓勵員工。

32 明確說出達成多少業績才加薪

露絲二號法則的內容是：

損益平衡的銷售額＝間接費用／毛利率

露絲二號法則的應用實例：假如你的培訓成本是每個月1,000美元，而公司的毛利率是55％，需要多少營收才能達到損益平衡？

損益平衡的銷售額＝1,000／0.55＝1,818.18美元。

現在，你已經知道必須取得損益平衡的營收，接著，來看看參加培訓的員工能帶來多少營收。他們能因為培訓課程，每個月替公司增加1,818.18美元的收入嗎？如果不能，該做什麼來提高營收？

以下是另一個露絲二號法則的應用：你的公司經理表現出色，希望把年薪從5萬美元提高到6萬美元。假如公司的

毛利率是 35%，那麼，營收必須增加多少？

額外的支出是 1 萬美元（簡單起見，先不加上工資稅和其他福利）：

損益平衡的銷售額＝10,000／0.35＝28,571.43 美元。

如果經理要求加薪，就問問他們，能如何幫助公司增加 2 萬 8,571.43 美元的營收吧。

33 不只損益平衡，還要獲利

假設你希望公司不只損益平衡，還能獲利，那麼就該使用露絲三號法則：

銷售額＝間接費用／（毛利率－利潤）

毛利率和利潤以百分比呈現。

以下是露絲三號法則的使用方式：你的公司經理希望能上培訓課程，學費是 1,000 美元。課程為期 2 天，而這位經理每週的薪水是 3,000 美元。公司的毛利率是 45％，而你希望有 15％ 的利潤。那麼，參加此培訓課程需要能帶來多少營收？

- 課程成本：1,000 美元。
- 薪資成本：3,000×2／5＝1,200 美元（2 天的薪資）。
- 總成本：2,200 美元。
- 需要的營收： 1,200／（45％－15％）＝4,000 美元。

另一種露絲三號法則的應用方式：你想僱用新的辦公室職員，薪水是每小時 20 美元，再加上 30％ 的獎金。該部門的毛利率是 48％，而你想要 10％ 淨利：

包含獎金的總薪資是 20×2,080×1.3＝54,080 美元。
銷售額＝54,080／（48％－10％）＝142,315.79 美元。

你能讓營收提高 14 萬 2,315.79 美元嗎？

34 即便是親人，也要簽合夥人協議

我必須解釋，為何即便是家庭成員，也一定要簽署合夥協議：

三位手足甲、乙、丙共同擁有並經營某間公司。每一個人都有各自的專業領域，且表現出色，三人會共同決定公司的發展方向。他們信任彼此的工作表現和專業能力，對公司的銀行帳戶都有簽署支票的權限。

其中，丙負責公司財務，卻不幸染上毒癮。另外兩位深知他的問題，然而，他們都相信丙已經戒毒了，事實卻並非如此。

丙開始慢慢把錢領出公司帳戶，來滿足自己的毒癮。一直到公司出現現金流的問題，其他兩人才發現這件事。

以下是他們採取的四個步驟：

首先，當他們發現公款被挪用時，立刻就剝奪丙簽署支票的權限。這意味著他們必須到銀行辦理新的印鑑卡。

第二，他們把支票放在丙不知道的地點並上鎖。此外，他們也把丙調離公司的財務部門，僱用新的會計。

　　第三，他們告知丙，他不再有簽署支票的權限，印鑑卡也已經換新。

　　第四，甲和乙提高財務方面的參與度，更加留意公司的現金。

　　假如他們在丙染上毒癮之前就參與公司財務，應該能及早發現問題，現金流也不會遭遇危機。現在，會計師每週都會提供現金流量表，甲則每天檢查銀行的帳戶。

　　值得慶幸的是，他們曾經簽定買賣協議，預防這種狀況。假如沒有買賣協議，他們會難以將染上毒癮的丙趕出公司，即便對方對公司營運造成嚴重損害。

　　要買走親人的股權、把對方踢出公司，並不是愉快的決定。不過，買賣協議非常重要，即便是在家庭成員之間。此外，**就算負責財務的人值得信任，所有的合夥人都還是應該關注公司的現金流。**

35　獲利、永續，並享受創業

　　假如你不知道自己為何創業，也感覺不到快樂，那麼，你的公司大概也很難長期獲利。假如你不快樂，員工們也注意到時，他們就不會待太久。

　　多數生活方式型和轉型企業的創辦人都知道自己為何創業，也很享受當老闆的生活；工具型企業在成長期則會艱難許多，因為這類的老闆，會將企業視為實現目標的工具。

　　假如你覺得工作很悲慘，那就辭職、把公司賣掉，去做些開心的事。人生苦短，不值得受苦。

　　我曾經參加過摩根・詹姆斯出版社（Morgan James）舉辦的工作坊，該社幫我出版《獲利的勇氣》（*The Courage to be Profitable*，暫譯）、《獲利或財富》（*Profit or Wealth?*，暫譯）以及本書。吉姆・哈瓦德（Jim Howard）是出版社的營運長及發行人。

　　吉姆在講座中分享了如何打造「ROCK」企業，他提醒我們，該如何達到獲利、永續，並享受創業：

R：創業的理由（reason）。吉姆認為，最關鍵的問題在於客戶能得到什麼。你的理由必須夠重要，讓你和客戶都很在乎。

O：你提供（offer）什麼？你提供哪些客戶想要或需要的東西？他們想要的和需求可能不同。我們許多人會選擇想要，而非需要。我們總是先買了想要的東西，然後才為自己找藉口。

C：溝通（communicate）。如何告訴客戶你提供什麼？你想解決怎樣的痛苦？你必須控制人們對你的看法。吉姆認為，不會因為你打造了公司，人們就像是電影《夢幻成真》（*Field of Dreams*）般蜂擁而來。你在創業後，還得告訴人們，他們需要你的產品或服務。

K：維繫（keep）客戶。經常性收入能帶來穩定的現金流和忠誠度。你對客戶忠誠，得到對方的信任後，他們就會對你忠誠。

第 2 章

正確訂價

36 從淨利回推售價

正確的訂價方式，是從理想的每小時淨利著手，並回推如何達到損益平衡。大部分的公司都是先判斷直接成本，然後除以（1－毛利率），但這麼做並沒有考慮到間接費用（參見第 31 小節）。

你想要從每個案子中獲得多少淨利？器材設備費用較高的案子，是否想要更高的淨利？勞動成本較高的案子，是否想要較低的淨利？在設定訂價機制前，這些都是必須思考的問題。

我的某位客戶總是抱怨特定類型、勞力密集的案子。他哀嘆這些案子牽涉太多勞力，根本賺不到錢。

我問他希望這類的案子，每小時獲得多少淨利，他給我答案後，我們開始為這些案子訂價。同時，他也同意假如客戶不滿意報價，他就不接案。後來，我再也沒聽他抱怨。

如果要正確訂價，請確認以下的幾點：

1. 你理想中的每小時淨利。

2. 每小時的間接成本。

3. 將兩個數字相加，得到每小時的毛利。

4. 這個案子要花幾個小時。

5. 把時數乘以每小時的毛利，就是總毛利。

6. 接著，加上直接成本（請把佣金或分紅也納入）。

7. 這就是你給客戶的定價。

如果想計算每小時的勞動成本：

● 理想的每小時淨利：75 美元。

● 每小時的間接成本：40 美元。

● 最高薪員工的時薪：35 美元。

淨利 75 美元＋間接成本 40 美元＋直接成本 35 美元＝
毛利 150 美元。但是，這樣計算的前提是，此人 1 年 2,080
小時的勞動都有產值。假如只有 1,500 小時能計入，那麼，
你也必須考慮沒有產值的工時：

150×2,080／1,500＝208 美元／小時。

因此，你的報價時薪就會是 208 美元。

37 當現金快速增加，虧損就被忽略

你會明知故犯，花 1 美元購買某個商品，再用 93 分錢賣出嗎？當然不會。然而，如果你是以擁有的現金為基礎經營公司，那麼，這樣的情形就可能發生。

在本書「前置閱讀」的故事裡，兩位老闆在 12 年間，每入帳 1 美元，就損失 5 分錢。

他們當然無意做賠本生意，然而，他們沒有認真檢視獲利性，只看手上的現金，於是產生了虛假的安全感。

當你的公司迅速成長、完成的案子都順利收到款項，現金一定會快速增加。但如果沒有準確計算成本、沒有精準的財務報表，你就永遠不會發現自己是否以 1 美元購入原料，卻以 93 分錢賣出。

當現金快速增加，5 分錢或 7 分錢的虧損很容易就被掩蓋，直到你開始記錄成本、準備精準的財報，才會注意到這件事。

如果想正確訂價，精確的財報至關緊要。

38 公司明明有獲利，為何沒現金？

「明明有獲利，但現金在哪裡？」當你看著損益表的結果，看到公司獲利，卻遇上現金危機：沒有足夠的錢支付薪水或繳稅，或是有其他大筆花費。而你無法理解，為何公司獲利，卻沒有現金。

答案是：利潤就只是利潤，只意味著你的營收超過支出；當支出超過營收時，則會出現虧損。上述兩者都不代表你手上有現金。利潤是損益表上的項目，現金則屬於資產負債表，兩者有很大的不同。

那麼，我們該如何取得現金？以下是詳細的說明：當你寄出案子的單據時，營收（損益表）會變成應收帳款（資產負債表）。如果你選擇貨到付款，在收款（資產負債表）的當下，你的應收帳款才會變成現金（資產負債表）。

當你收到廠商的單據時，就會登記為支出（損益表）和應付帳款（資產負債表）。接著，你必須在雙方約定期間內支付應付帳款（資產負債表），然後才會知道自己是否還留有現金（資產負債表）。

　　有些公司會歷經幾個月的虧損，但銀行裡還有現金；反之亦然，有些時候公司明明獲利，卻很難湊到足夠的現金來付薪水。

　　在此警告：即便你的損益表顯示公司每個月都獲利，你還是可能讓公司倒閉。這是因為你把現金用罄（參見第 10 小節），而且沒有足夠的信用額度或經常性收入存款，來應付短期的現金短缺。

　　以下是 5 種可能會導致破產的具體例子：

　　1. 接了能獲利的案子，但幾個月後才收款，甚至忘記收款。但是，你仍然必須付錢給員工和其他供應商。

　　2. 不使用分批成本制（參見第 89 小節），無法確保每個案子都具獲利性。

　　3. 使用現金收付，而非權責發生制（參見第 7 小節）。

　　4. 接了能獲利的案子，客戶卻宣告破產，讓你的公司得到無法兌現的應收帳款。

　　5. 購買太多庫存品，給予員工進入倉庫權限，也讓他們自由拿取過多庫存品和消耗品（參見第 17 和 57 小節）。

　　利潤沒辦法幫你付帳單。然而，從能獲利的工作中收取帳款，是支付帳單所必須的。請儘早收取帳款，支付和該工作相關的帳單，才得以維持公司的償付能力。

39) 最好的訂價：每小時淨利法

「我們所有的零件銷售都能獲利 35％。」

「你是如何判定的？」

「我們把成本加成了 35％。」

「你並沒有賺 35％，而是 26％。」

這是我和某位客戶的對話，我給了他以下解釋：

最好的訂價方式是參考每小時淨利（參見第 36 小節）。
然而，許多客戶在訂價時，都會使用成本加成訂價法。這種訂價方法很危險，因為，成本加成是基於成本而定，和公司的毛利和毛利率沒有關係。

以下是成本加成法和利率加成法的差別，以及為何成本加成法會危害公司的獲利：

某個零件價值 10 美元，你想要獲得 40％ 的成本加成，還是 40％ 的毛利率？

使用成本加成訂價：$10 \times 1.4 = 14$，你的商品會定價為 14 美元；若使用毛利率訂價：$10 ／ 0.6 = 16.67$（參見第 31

小節的露絲一號法則），你的商品則會賣 16.67 美元。下表
為計算結果：

	成本加成法	利率加成法
營收（美元）	14.00	16.67
直接成本（美元）	10.00	10.00
毛利（美元）	4.00	6.67
毛利率（％）	28.5	40

　　使用成本加成 40％ 來訂價，實際上只會獲利 28.5％
（4/14）。假如你不知道如何用每小時淨利加成法來訂價，
那麼至少使用毛利率，而非成本。如此一來，你才能更精確
的獲利。

40 直接成本有哪些？

「我們的毛利率是 60%，可以看出公司的表現很好。」
「你的直接成本部分計算了哪些項目？」
「只有勞力和設備。」
「你遺漏了很多應該計算在直接成本裡的項目。」

這是我和某位不太理解成本概念的企業負責人的對話。

直接成本（direct costs，或稱營業成本、銷貨成本）是產生營收時所伴隨的成本。許多公司都認為，生產產品或服務只需要付出勞力和消耗設備，但是，這只是一部分的直接成本而已。

間接成本則指公司維持營運所花費的成本，包含租金、水電費等，無論公司是否有營收，都必須支付。

最常見的錯誤，就是不將分紅或佣金納入直接成本。唯有交易成立、產生營收後，公司才會發放分紅或佣金，因此，這兩者屬於直接成本。另一項錯誤則是忘記信用卡手續費或融資費用，唯有在賣出產品、且客戶使用信用卡支付

時，才會產生這些費用。最後，還有運輸、申請許可和保固相關等成本（參見第 50 小節）。

這些都屬於直接成本，會降低你的毛利和毛利率。如果你用利率加成法訂價，而不是每小時淨利法（參見第 36 和 39 小節），那麼，納入這些項目就能再提高你的售價。

為什麼會產生這種結果？因為，你的毛利率會降低，而成本則變得更高。

以下是兩種價錢的例子：第一個價格包含 1,000 美元的直接成本，但沒有計算佣金和融資費用。一旦把這兩者加入直接成本，成本會變成 1,200 美元，而毛利率則降低至 38%。如果使用毛利率訂價法，兩種賣價如下：

	成本 （美元）	毛利率 （％）	定價 （美元）
不包含佣金及融資費用	1,000	40	1,666.67
包含佣金及融資費用	1,200	38	1,935.48

請確認你的直接成本或銷售成本是否正確，然後才向顧客報價。

41 每個案子的間接成本都不同

以下是我和某位客戶談論如何定價的過程：

「你在為案子估價時，如何計算間接成本？」

「我們所有的案子，都將間接成本固定為 35%。」

「這完全是錯誤的訂價方式。」我舉例了兩個 1 萬美元的案子：「其中一個需要 16 小時的勞力，另一個則需要 100 小時。如果以你們現在的標準，兩個案子的間接成本都是 3,500 美元，對吧？」

對方沒有發現問題，於是我繼續解釋：「第二個案子的勞動成本，是第一個的 6 倍以上，間接成本怎麼可能相同？」對方無奈的承認錯誤，並詢問我如何修正間接成本。

「用每小時的間接成本來定價，在每次收費或產生營收的工時中，加上相同的間接成本。假設你每個小時的間接成本是 40 美元，16 小時的間接成本為 640 美元，100 小時就會有 4,000 美元。」

　　每個案子，都應該基於勞動工時來決定間接成本。請不要以低間接成本為高工時的產品訂價，也不要用較高的間接成本提高價格。

42 成本不該由所有部門平均分攤

假如你的公司沒有區分部門，那麼，如果要計算每小時的間接成本，就必須從上一個財政年的損益表上，找到「總體間接成本」，把這個數字除以去年產生營收的工作時數。

如果公司有不同的部門，就必須將間接成本部門化（departmentalize），讓每個部門分配到相應的預算。請根據空間和勞力，來計算部門化之後的間接成本，因為這兩者是創造間接成本的要素。

該如何公平計算、分攤？有些公司會用銷售額來分配，但這可能不太公平，因為銷售量相同的兩個部門，不一定有相同的員工人數。以下是兩個部門的銷售額和員工人數：

	部門甲	部門乙
銷售額（美元）	1,000,000	1,000,000
產生營收的人數（人）	2	8

部門乙的間接成本會比部門甲高，因為部門乙的營運需要更多員工來支持（更多工作、電話或客戶等，才能賺到100萬美元）。

在這個情境中，乙應該分配更多間接成本，因為和甲相比，乙有更多產生營收的員工，也需要花費更多支出。

間接成本是由空間支出和人力支出組成。以下是合理的間接成本計算方法，能讓每個部門都能公平分配。

首先是空間的間接成本。組成空間成本的事物有5種：租金、水電、建築維修、建築稅金，以及建築保險。請判斷每個部門產生營收的總空間分別是多少。

產生營收的空間指的是，和產生營收相關的人、事、物所占據的空間。會議室、廚房和廁所等共同空間並不算在內。會計人員或其他不能帶來營收者所使用的空間，也不在此算式中。

接下來，是人力的間接成本。**每個不包含在空間間接成本的項目，都和人力有關**。舉例來說，人力越多，需要的辦公用品越多，也需要支付更多電話費。

計算間接人力成本時，可以參考直接人力成本。接著，將各部門的直接人力成本百分比，視為間接人力成本的百分比再進行分配（參見下頁圖表9）。

如果你知道每位員工在各部門所花的具體時間，那麼，請按時間比例分開計算。假設公司有位會計師，平時會輪流

在三個部門幫忙，請先判斷他在各部門所花費的時間，再適當的將會計師的薪資成本分配到各部門。

舉例來說，該會計師的薪水每年 5 萬美元，而他有 20%的時間在部門甲、30% 在部門乙，剩下的時間在部門丙。那麼，部門甲需要分配到這名會計師 1 萬美元的薪資、部門乙

圖表 9　計算每小時間接成本

	部門一	部門二	部門三	總計
占據空間（平方英呎）	2,000	3,000	5,000	10,000
空間比（%）	20	30	50	100
計費勞力（美元）	250,000	500,000	750,000	1,500,000
勞力比（%）	16.7	33.3	50	100
計費勞力（小時）	6,000	8,000	25,000	39,000
間接成本				
部門直接支出（美元）	20,000	10,000	0	30,000
空間支出（美元）	60,000	90,000	150,000	300,000
人力支出（美元）	166,667	333,333	500,000	1,000,000
總支出（美元）	246,667	433,333	650,000	1,330,000
每小時間接成本（美元）	41.11	54.16	26.00	34.10

分配 1 萬 5,000 美元，部門丙則分配 2 萬 5,000 美元。

　　假如特定的原料或服務只有特定部門使用，該部門就必須承擔所有的成本。例如廣告或印刷，很多時候，只有特定部門需要打廣告。至於網路費用等，難以判斷各部門使用的比例，則可以按照薪資百分比分配。

　　一旦知道每個部門的總間接成本，就可以將其除以該部門的計費工時，來計算每小時的間接成本。

　　通常，第一次計算公司和每個部門的每小時間接成本，會讓你大開眼界。但是，隨著生產力提高，每一項數值會越來越精確。每一年在估算每小時間接成本時，都會比去年更精準。

43 不賺錢的部門怎麼改善？

　　某位老闆看了公司三個部門的間接成本後，驚訝的發現自己偏愛的部門並不賺錢。以下是他看到的數據：

	部門一	部門二	部門三
每小時間接成本（美元）	22.32	31.89	100.27

　　這位老闆問我該如何降低每小時間接成本，而我的回答是：盡可能提高產生營收的工時。

　　舉例來說，假如你付一位員工 8 個小時的薪資，他卻只向客戶收取 4 個小時的費用，每小時間接成本就會比較高。

　　另一個降低每小時間接成本的方法，就是直接詢問員工。員工們都知道自己的時間被浪費在哪個工作環節，你可以按照員工們的建議，改善工作流程或政策。

　　最後，你也可以增加部門三的員工人數，擴大部門規模。後來，該公司的老闆聽從了我的建議，每小時間接成本顯著降低，而該部門的獲利也跟著提高了。

盈虧標準，看每小時淨利

我偶然間聽到兩位老闆在討論甲、乙兩間公司的獲利，他們的淨利都是 10%，但是，實際上是誰的獲利性更高？

他們都有 10% 的淨利，計費工時也一樣多。然而，如果以每小時淨利為比較基準，公司乙的獲利遠高於甲。

	營收（美元）	淨利（美元）	計費工時（小時）	每小時淨利（美元）
公司甲	1,000,000	100,000	3,000	33.33
公司乙	1,500,000	150,000	3,000	50.00

公司乙更善用他們的勞力，每小時能產生 50 美元的淨利，而公司甲每小時淨利僅有 33.33 美元。公司間真正比較的應該是每小時淨利，以百分比呈現不會反映真實情況。

45 毛利率 40%，卻沒賺錢？

　　某公司發放佣金的最低標準是毛利率達到 40％，因此，只要任何案子的毛利率大於或等於 40％，公司就會發放佣金。這間公司可能曾支付佣金給虧錢的案子，在他們學到每小時淨利的概念之前，都是以毛利率發放佣金。

　　以下是兩個案子的成本分析，兩者毛利率都超過 40％：

	定價（美元）	計費工時（小時）	毛利（美元）	毛利率（％）	間接成本（美元）	淨利（美元）	每小時淨利（美元）
案子一	12,903	39	5,227	40.51	2,348	2,879	73.34
案子二	5,644	59	2,273	40.27	3,552	-1,279	-21.37

　　案子一的每小時淨利是 73.34 美元，案子二則需要每小時付給客戶 21.37 美元（虧損）。

　　這讓我的客戶感到非常震驚，他無法想像兩個毛利率相同的案子，竟然有一個虧損。但是，銷售員並不在乎公司是

否虧錢，因為無論是否獲利，他們都能領到佣金。儘管銷售員獲利，公司卻有所損失。

在案子二中，銷售員大幅低估了工時。他是基於 40％的毛利率去估算，因此，實際上的售價必須高於 6,922.96 美元，才能達到損益平衡（淨利為 0）。

以毛利率為支付佣金的標準很危險，因為毛利率無法反映事情的全貌。請分批分析成本，計算間接成本後再發放佣金，以確保公司在支付佣金之前，就已經獲利。

支付佣金最好以每小時淨利為標準。老闆可以決定公司每小時淨利的最低標準，如果達標，就將超過的金額作為佣金發給銷售員（同時也必須設定佣金的上限）。

舉例來說，如果公司發放佣金的標準，是每小時淨利至少 50 美元，至多 100 美元。這樣的情況下，案子一的銷售員會根據 39 小時的工時，以及每小時淨利和每小時 50 美元的差額領到佣金，金額會是（73.34－50）× 39，也就是 910.26 美元。案子二的銷售員則不會分到佣金。

當然，假如有無法掌控的因素，例如報價後物價上升，也不應該因此懲處銷售員，或降低其業績。

以每小時淨利為基礎的佣金制度，能排除銷售員估計時數和真實工時之間的差異。銷售員估計的時數永遠會低於實際狀況，因為他們希望能降低報價、贏得訂單，並藉此收到佣金。

46 降價多銷的代價

「我需要完成交易賺取營收，所以我要降價 30% 來吸引買氣。」這是某位企業老闆的想法。他的降價決策可行嗎？在這樣的折扣下，是否還能達到損益平衡？細節如下：

- 正常價格是 97 美元。
- 銷貨成本是 39 美元。
- 毛利是 58 美元。
- 間接成本是 30 美元。
- 營運淨利是 28 美元。

降價 30% 後，售價少了 29.1 美元，變成 67.9 美元。其中，銷貨成本和間接成本都維持不變，營運淨利卻變成了負 1.1 美元，因此，公司每一筆交易都會虧損。若賣出 100 個產品，就會損失 110 美元。

雖然產品的銷量大幅提升，不幸的是，老闆事後才得知他的決策讓公司虧錢。經過計算，他發現，如果只把售價降

低為 77 美元，銷量也有相近的成長幅度，而公司還能略有獲利。

　　因此，在提供折扣之前，請確實考量間接成本，以確保折扣不會讓產品變得無利可圖，甚至造成虧損。

47 訂價時，零件耗損要納入

「我們的產品只用了一半的膠合板，另一半報廢了。」

「那麼，你們的成本怎麼計算？」

「用一半的膠合板成本。」

我的下一個問題是，剩下的膠合板能否利用。對方的回答卻是，因為產品的規格，只能拋棄剩下的板子。

這時，對方才意識到，應該把整片膠合板都算進成本。因此，他稍微提高產品的定價，才讓每小時淨利回升。

暖氣及空調承包商在購買安裝用的軟管時，也經常出現這樣的浪費。他們的成本應該以整盒軟管為單位，因為，即便軟管有剩，也幾乎都會報廢處置。如果承包商只計算使用量，就容易虧損，因為他們買了一整盒，卻只計算部分費用。

重要的是，假如你只使用了一部分的消耗品，而剩下的都無法再利用，那麼就得把全部的消耗品納入直接成本。如此一來，你的毛利才會是真正的毛利，因為你考量了未使用但耗損的成本。

48 今天的勞力無法拿到明天賣

勞力就像旅館的房間，是會消耗的。

假如旅館老闆當天沒有租出某間房，旅館就會少賺錢，因為，當天該房間出租的能力已經消失。隔天，他有機會再次出租該房。若出租了，就創造了營收；若否，他則又失去那天該套房賺錢的能力。

勞力同樣也會耗損。假如你今天未能賣出某人的勞力，那麼他今天的勞力就損失了。你沒有辦法把今天的勞力拿到明天賣。

沒有賣出的勞動力就這樣永遠消失了，因為時間或日子是無法被取代的。

平均來說，員工一週會工作 40 個小時，或每年 2,080 小時。假如扣除假期、節日、會議和培訓時間，每年大約剩下 1,900 個小時。每位員工大約有 91％ 的時間可以出售——也就是說，可以計費。

而你一年能實際賣出多少員工的時數呢？你為公司的產品或服務訂價時，必須包含無法銷售的時間成本。追蹤每位

員工可計費或已售出的工時，與支付的薪資比對，這就是銷售或可計費工時百分比。

假設你的可計費工時百分比是 80％，而員工的時薪是 50 美元，那麼，他實際上花費的成本是 50／80%，也就是每小時 62.5 美元；若間接成本是每小時 40 美元，那麼這 40 美元同樣要除以 80％，因為間接成本也應該以可計費工時為計算標準。

因此，該員工實際的損益平衡成本應該是 62.5＋（40／80%），也就是 112.5 美元。

請在確認定價時，將賣不出的勞動力時數列入計算。勞力是珍貴的商品，請讓每個能售出的時數都帶來獲利。

49　特休、年假，無產出工時也是成本

　　若你一年支付員工 2,080 小時的薪資（不包含加班），那麼，你在訂價時就必須考慮無法向客戶計酬的時數。

　　舉例來說，大部分公司的最低員工福利有特休、年假，以及部分節日，約 88 小時。除此之外，大多數的公司會選擇在工作日召開會議，或是派員工參與培訓，假設一共 40 個小時。如此一來，不計酬的時數就是員工福利加上培訓／開會的 128 小時。

　　在制定價格時，這些時數都必須列入考慮。因為企業無法直接向客戶收取這些時薪，但這些錢還是得有人來付。

　　以下是確保公司訂價時納入以上時數的計算方法：

　　假如勞力成本是每小時 30 美元，共 40 小時，總計為 1,200 美元，這時，將不計酬的時數加入除數。

　　128／2,080＝6.2％，除數是 100％－6.2％＝93.8％。

　　因此，勞力成本應該是 1,200／0.938＝1,279.32 美元。

79.32 美元的差別看起來並不大，不過，這些成本都會累積，並直接影響公司的損益狀況。

在訂價時，請記得考慮無法帶來營收的工時。

50　準備產品保固的儲備金

「我們的保固成本快把午餐錢都吃光了！」

「怎麼回事？」

「製造商召回產品時，我們必須安裝新的零件。雖然製造商會提供零件，但是我們需要提供勞力，非常花錢。」

「你在訂價時有考慮保固的成本嗎？」

「沒有，我應該加多少錢呢？」

這個問題的答案，取決於公司每年的保固成本。

上述的例子比較極端，牽涉到產品的召回和更換。但是，該公司在資產負債表上沒有保固成本的儲備金，因此，他們不知道該怎麼解決問題。

一般來說，保固的支出會讓原料或設備成本提高大約 1％～2％。然而，最好還是將以往的保固成本除以原料或設備的成本，才能得到最理想的百分比。

那麼，保固成本該如何計算？

無論成本多少，請記得在銷貨成本中借記（按：在複式

記帳法中，將金額記入借方〔通常在帳簿左方〕）保固成本、在資產負債表中貸記（按：在複式記帳法中，將金額記入貸方〔右方〕）保固儲備金。接著，將保固成本的金額存入儲蓄帳戶（借記儲蓄帳戶並貸記營運帳戶）。

假如出現保固支出，就從保固儲備金中借記該筆金額，並貸記相同金額的保固收入。保固支出應當符合保固收入，讓毛利為 0。

舉例來說，假如原料和設備的成本是 1 萬美元，而保固儲備金是成本的 2%（200 美元），帳目紀錄中會登記為：

銷貨成本：保固支出＝200 美元。
保固儲備金＝200 美元。

若提出 150 美元的保固支出：
保固儲備金＝150 美元。
保固收入＝150 美元。

在損益表上看起來則是：
保固收入＝150 美元。
銷貨成本中的保固成本＝150 美元。
毛利＝0 美元。

　　此時，保固儲備金還剩下 50 美元，能申請其他保固支出。200 美元看起來不多，也不是每個案子都需要保固支出，但是，準備好儲備金，才能妥善應付突發狀況。

51 統一報價

「戴夫給我的報價比較便宜，和史蒂夫的報價相差 2,000 美元。我想要戴夫的報價。」某位客服人員接到客戶抱怨的電話。如果這個情況和通貨膨脹沒有關係，那就是因為戴夫和史蒂夫的訂價方式不同。

經過調查發現，戴夫的開價永遠比其他銷售員低。戴夫為了領到佣金，刻意降低報價，以提高自己的成交率。

在上述的例子裡，客戶提到戴夫 6 個月前曾報價，因此，他再次打電話詢價，卻發現史蒂夫給出更高的價格時，便認為太貴了。

在同一間公司中，所有的員工都必須用相同方式訂價，現在市面上有數百種訂價軟體，可以挑選最符合需求的。

接著，每位員工都應該以相同的過程，得到相同的定價。此外，主管應該檢查員工給出的折扣，注意是否符合成本，才能適時採取適當的行動。

假如價格是因為通貨膨脹而改變，這很容易向客戶釐清。然而，假如員工或銷售員為了搶生意而削價競爭，就有

可能讓公司接下無法獲利的案子。

　　很多時候，報價都會分成銷售員預估工時和真正工時。銷售員預估工時永遠會低於實際完成工作所需要的時數。會發生這種狀況，通常是因為銷售員的佣金是基於毛利率發放，而非淨利（參見第 45 小節）。

52 報價單要加上時效

「我在一年前曾向貴公司報價,現在可以用同樣的價格委託你們嗎?」某位潛在客戶如此詢問銷售員。但是,經過銷售員檢查發現,如今成本已經漲了 30%。

於是他回電給客戶,告訴對方他們已經漲價 37%(包含員工薪水的調漲)。

假如銷售員沒有發現公司漲價,這個案子就會虧錢,銷售員可能也拿不到佣金。

過去幾年間,物價出現了巨大的膨脹,因此,你必須調整售價,才能保持損益平衡。**如果認為自己可以維持以前的價格,完全是個錯誤的想法。**你會付出相同的勞力,卻得到較少的收益。

如果成本增加,產品或服務的價格卻沒有隨之提高,公司就會墜入虧損的深淵。這個深淵深不見底,會讓你的公司越賠越多。

當然,一開始不跟隨其他公司調漲售價,可能會讓你的銷售量提升,但是,接下來你會不斷接到無法獲利的生意,

直到你再也無法經營下去。

　　假如成本上漲，你就必須調漲。除了配合通貨膨脹之外，調漲員工的薪資時，你也必須調漲售價。假如員工加薪5％，別忘加上會因此增加的工資稅，這樣才能支付額外的員工福利成本。

　　此外，**所有的報價單都應該加註「此報價單僅有○○天效力」**。如此一來，在成本上升時你才有調漲的空間。

第 3 章

資產負債表，
企業續命的關鍵

53 資產負債表的重要性

經常有企業負責人表示，他們從不看資產負債表。

除非同時兼任會計或管帳者，否則許多老闆在創業之初，都不會去關切公司財務。然而，審視並理解財務，才能幫助公司持續營運。

資產負債表是相對複雜的財金概念，卻是最重要的部分。**資產負債表會呈現公司真正的獲利性，而損益表呈現的，只是一個月、一季或一年的利潤。**在下一個週期，損益表便會重新開始計算，因此，損益表無法顯示你能否持續獲利。

不幸的是，很多中小企業的老闆從不看自己的資產負債表。他們不理解這份表格的用意，因此當作它不存在，只看損益表。

同時，資產負債表還能回答以下幾個問題：

- 你是否能支付帳款？
- 你是否積欠過多債務？
- 你是否有太多庫存？

● 你在收帳上是否遇到問題？

　　每個月檢視財報時，請務必看看資產負債表以及損益表，你才能注意到比較細節的問題，並在演變成更重大的危機前處理。

54 資產必須平衡負債和淨值

「別給我沒有平衡的資產負債表。」某個心情不好的企業負責人，正在指責公司新的會計人員，因為他準備的公司財報，沒有平衡資產負債表。我們認為這是會計想測試老闆是否看得懂資產負債表。

資產負債表的定義是，資產必須平衡負債和淨值（資本或股票）（按：即「資產＝負債＋股東權益」）。

假如你的資產負債表未能平衡，就是一個警訊。大部分的會計軟體不會在缺少相應貸方條目的情況下，讓使用者輸入借方條目，這是會計軟體的安全機制，以確保資產負債表能平衡。

然而，仍然有軟體會允許單方面的條目登錄。這意味著使用者能在沒有借方的情況下，輸入貸方，反之亦然。如此一來，會產生出不平衡的資產負債表，而貪汙舞弊者正是鑽此漏洞。

假如你看到不平衡的資產負債表，必須立刻展開調查，找出問題並加以解決。

55 老闆要親自為每張支票簽名

銀行裡不會有負的現金，因為這意味著銀行欠你錢，或是你的帳戶透支，但是，銀行不會欠你錢。而如果你的帳戶太常透支，你會面臨高額的支票手續費，銀行也可能關閉你的帳戶。

第 9 小節的現金流水缸具體呈現出這樣的情況。水缸裡的錢永遠不可能小於一滴，所以是不可能出現負的現金值。

那麼，資產負債表上為什麼會出現負的現金？最可能的原因，是會計人員將所有到期的應付款項列出來，並在有錢支付之前，暫時保留這些支票。而月底時，這些支票仍然在會計人員手中。

你的會計系統不在乎你何時付款，它只要求借方和貸方相符。當會計人員透過支票支付帳單時，會計系統會扣除現金——即便你的帳戶沒有足夠的錢。

除非帳戶裡有足夠支付的金額，否則就不要開出支票，如此才能避免資產負債表上出現負值。

第二種出現帳戶透支的可能性，很不幸的，就是有人貪

汙。因為你沒有注意資產負債表，也沒有對資產負債表提出質疑，而員工很容易就能利用這樣的方法，隱藏未經授權的款項。他們可以用 QuickBooks 開出支票、列印，再從軟體中刪除，此時印出來的支票可以兌現。

當銀行對帳單完成對帳（每月進行一次）時，資產負債表上的現金餘額就會出現負數。假如你沒有檢查，就不會知道對帳單是否正確，以及數字是否與資產負債表相符。

除此之外，**所有企業老闆都應該親自為每張支票簽名**，如此一來，會計人員就沒有舞弊空間，除非他們偽造支票，或是把支票開給名稱類似的公司，讓你疏於警覺。

舉例來說，公司名稱是「甲乙丙公司」與「甲乙丙股份有限公司」，而這很可能是兩間不同的公司：一間是你合法的供應商，另一間則是貪汙者的空殼公司。

56 庫存是現金的大黑洞

「我們公司的淨值，一天之內就少了 25 萬美元。」之所以發生這種事情，是因為有超過兩年的時間，這間公司都不曾修改過資產負債表上的庫存。

當他們終於清點庫存時，才發現庫存的價值比起資產負債表上的數字，短少 25 萬美元。因此，公司的市值瞬間少了 25 萬美元。只因為他們不注意，也沒有追蹤庫存。

平均下來，每位員工每天損失多少呢？兩年 25 萬美元，一年就是 12 萬 5,000 美元。12 萬 5,000 美元除以 52，則是每週 2,403.85 美元，每天是 480.77 美元。

如果一共有 32 個會接觸到庫存的員工，平均每人是 15.02 美元。一天內被偷走、損壞或遺失 15.02 美元，其實並不困難。

假如你的公司在提供產品或服務時，使用了某些原料和設備，那麼在購買未來要使用的原料時，必須在財報中記錄庫存品的購買和消耗。唯有如此，你才能真正了解公司的獲利性。

　　當庫存原料被計入銷貨成本時，成本會提高，而獲利則會降低。

　　當然，如果你是經營生活方式型企業、唯一會接觸庫存的人，相對而言，這一點就比較沒那麼重要，因為你會知道自己買了什麼、用了什麼，也不太可能有人盜用庫存品。

　　但是，對於工具型和轉型企業來說，追蹤、記錄庫存就至關緊要。你可不希望公司的市值因為遺失、損壞或遭偷竊的庫存而降低。

　　此外，**庫存就像賭博**。走在倉庫裡，有多少零件只是放在櫃子上積灰塵？有多少零件是幾年前買的，已經付了錢卻一直沒有使用？

　　對於小型企業來說，庫存是現金的一大黑洞，因為，你正在用自己辛苦賺來的錢，打賭你將能夠以「划算」的價格出售你購買的東西。

57 庫存天數的計算

你要知道自己購買某個零件後，到將它使用於產品或服務，這之間平均會花幾天。假如超過 30 天，你的庫存或許就太多了——除非你的公司做的是零件分銷。

可以透過庫存天數來追蹤（會以庫存周轉率來計算庫存天數）。假如你的公司沒有庫存，則不需要計算。

庫存天數指的是零件購買的日期，和用來製造產品或提供服務之間的天數。

首先，計算庫存周轉率。庫存周轉率以年化成本為計算基準，需要用到損益表和資產負債表。計算方式如下：

年化原料支出／庫存　或　年化銷貨成本／庫存

以建築公司而言，我會以銷貨成本為計算基準。因為，對建築業來說，勞動力是不可或缺的因素。此外，也很難找到一間公司，能在不付出勞動成本的情況下，就產生產品或安裝設備。

如果要計算年化原料成本或銷貨成本，就把當年度至今的原料或銷貨成本乘以 12，再依照當月屬於該財政年的第幾個月，除以該數字。假如是財政年的第 7 個月，就把當年至計算月分的銷貨成本乘以 12，再除以 7，就會得到計算庫存天數的被除數（即庫存周轉率）。

季節差異會影響周轉率嗎？或許會，但是銷貨成本已經年化，而年化數據不受季節性影響。重要的是，檢視趨勢、看看周轉率的變化。在春季或秋季進貨後，周轉率可能會稍微增加，然而，每年都會產生的相同趨勢，會成為預期中的常態。

庫存天數是一種財務上的比率，用以衡量一個零件在倉庫中，存放到被使用的平均時間。可以從庫存周轉率來計算此數值，計算方式如下：

$$365／庫存周轉率$$

假如庫存天數上升，就是一個警訊，代表購買原料大於使用量，出現訂單進貨上的問題。

庫存就是種賭博。不要囤積比你理性分析的銷售量更多的原料，在購入庫存時，請務必謹慎深思。庫存無異於拿自己辛苦賺來的錢，賭在銷售能力上。許多年來，我看過太多不明智的豪賭，造成庫存過期或廢棄。

　　如果你的庫存天數下降，就代表購買的原料較少，或是使用量較大。這才是我們想看到的趨勢——請維持下去，直到數值穩定。

　　我們會希望庫存量保持在合理的最低程度，畢竟，如果每隔 5 分鐘就得派員工去找供應商，成本太過高昂。合理的庫存量，才能在合理的時段內使用和周轉。

　　還有一件事要注意：假如你的公司有庫存，請比較應收帳款周轉天數與庫存天數。應收帳款周轉天數（參見第 71 小節）應該永遠高於庫存天數。假如你的應收帳款周轉天數是 30 天，庫存天數則是 60 天，代表你的庫存是需求的 2 倍。此時，把庫存天數降到 30 天，能幫你省下一大筆錢。

　　如果數字不一致，很有可能是庫存數據被高估或低估，或是公司有無法使用的零件。無論是哪種狀況，無法使用的零件都應該報廢，也應該定期實際盤點庫存，來釐清真正的庫存量。

58 明明有資產，卻無法付帳單

「資產負債表的比率（按：總資產與總負債的百分比）明明超過 3，為什麼我還是常常付不出帳單？」這位企業負責人因為弄錯了長期資產和當前資產，而產生了虛假的安全感（參見第 68 小節）。實際上，把應收帳款從當前資產中移除後，該公司當前的資產負債比低於 1。他是真的有帳單危機！

當前資產指的是現金，或是在一年內能轉為現金的資產，包含現金、應收帳款、庫存和預付的支出；長期或固定資產，則是一年內無法轉換為現金的資產，例如家具、電腦、機械設備、車輛和建築物。

當前負債指的是一年內必須付清的帳務，包含應付帳款、應付信用卡帳款、應付稅金、信用額度、長期債務的當期部分，以及遞延收入；長期債務指公司持有超過一年的債務，例如車輛貸款、設備貸款、房屋貸款等。

企業負責人常常在應收帳款和應付帳款上犯下錯誤。假如你借錢給公司，或是以貸款形式向公司拿錢，而你或公司

不打算在一年之內償清，那麼，這些貸款應該屬於長期債務或長期資產。

　　審視你的財報時，必須知道自己的當前資產，是否足以支付當前的債務。若是把長期資產和當前資產搞錯，或是弄錯長期負債和當前負債，可能會帶給你虛假的安全感，讓你以為自己有錢支付所有帳單。

59　合約完成，就該收錢

　　「我們的員工連加油的錢都沒有。」這間公司有超過100 萬美元的應收帳款，卻沒有足夠現金來支付加油的費用，企業負責人表示他太忙，沒有時間向廠商收款。直到需要現金時，他們才發現收帳的重要性。於是，老闆將收款列入會計人員每週的例行工作，才沒有再遇到類似的問題。

　　當然，以現金交易的零售業或餐廳等，不會有這方面的問題。

　　你可以把催收到期的款項，視為完成合約的步驟之一（無論是紙本合約或口頭約定）。**當客戶同意付錢，而你的公司履行合約後，客戶就應該完成他們付款的義務。**

　　假如公司的付款條約規定期限為 30 天，到了第 31 天，就應該有人打電話詢問對方何時付款或開支票。這是善意的提醒，向積欠款項的客戶傳達你們很認真看待收款的訊息。

　　當你的公司提供服務或產品，客戶有義務依合約付款。

 如果應收帳款出現負數

　　應收帳款如果是負數，代表你的公司積欠客戶錢。雖然，你可能會因為客戶要求退貨、退款而積欠少數款項，但不會積欠整個客群。在應收帳款帳齡報表上，你可能會看到幾個負數的退款項目，但整張報表的結果不應該是負數。

　　在正常情況下，如果應收帳款出現負數，是因為你收到尚未開立發票的訂金，而會計誤將訂金歸類於應收帳款。案子尚未完成的訂金，應該屬於債務、歸類於資產負債表上債務類別的訂金帳戶。

　　當你完成工作、將收據寄給客戶後，訂金才屬於營收（借記訂金金額並貸記收入）。將發票的總金額減去訂金，就是應收帳款金額。

　　舉例來說，有個 10 萬美元的工作案，而你收到了 1 萬美元的訂金。以下是帳務紀錄：

　　現金＝10,000 美元。

　　當前負債：訂金＝10,000 美元。

工作完成、將收據寄給客戶後，應記錄為：

應收帳款＝90,000 美元。

當前負債：訂金＝10,000 美元。

營收＝100,000 美元。

如此一來，資產負債表上的應收帳款，才能呈現正確的正數金額。

61) 是誰偷走了你的應收帳款

「有人在偷你的錢。你的資產負債表上的應收帳款，並不符合應收帳款帳齡分析表上的總額。」這間公司是透過自動扣款（automated clearing house，簡稱 ACH。按：讓銀行存款進行自動轉帳的電子轉帳系統，用以取代支票）記錄應收帳款貸記和現金借記，這就是為什麼資產負債表上的應收帳款和應收帳款帳齡分析表上的數字不同。

該公司的會計正透過應收帳款來盜用公款。他登錄應收帳款時沒有使用應收帳款軟體模組。因此，資產負債表上顯示的數值，從未與應收帳款帳齡分析表相符。

現金會透過自動扣款系統，直接進入他的戶頭，所以公司老闆一張支票也不會看到。

每個月底，除了損益表和資產負債表，會計也應該附上應收帳款帳齡分析表。請仔細審閱，**確保應收帳款總額符合資產負債表的數值**。

假如不符，就應該展開調查；即便符合，也要檢查登錄的項目。登錄的項目不會太多，每一個款項的目的也應該有

詳細的解釋。多數時候，這些項目會透過會計軟體模組輸入，不需要手動。

　　當你在月底檢視公司財務狀況時，不該遺漏應收帳款帳齡分析表。

62 穩定現金流的關鍵

「我不知道為什麼公司的現金流會出問題，我們的生意明明很好。」當這間企業的負責人終於開始檢查應收帳款帳齡分析報表時，才發現許多客戶都積欠他超過 10 萬美元，而且延遲付款 90 天以上，於是，老闆僱用了負責處理應收帳款的會計約翰。

約翰一開始的表現很優異，所有應收帳款周轉天數都降到 45 天以下，是公司應收帳款周轉天數的最低紀錄。老闆認為約翰會確實工作，便不再注意應付帳款帳齡分析表。

沒想到幾個月後，他的財務主管告訴他，公司即將面臨現金流短缺，因為約翰出了紕漏。

老闆打電話給積欠款項的客戶，要求對方付款。接著，他要求約翰每週都要繳交應收帳款帳齡分析表，應收帳款周轉天數才繼續降低。

除了每週的現金流量表（參見第 8 小節），也應該附上應收及應付帳款帳齡分析表，並仔細檢查，看看哪些客戶欠你錢，以及公司還欠誰錢。

透過供應商的收據，你很容易就能看出員工是否有大量購買原料或供給品。釐清原因並判斷是否合理。

應收帳款及應付帳款帳齡分析報表是保護、穩定現金流的關鍵。

63 核對應付帳款

　　資產負債表上的應付帳款金額和應收帳款金額一樣，應當符合應付帳款帳齡分析表的總額。如果資產負債表和應付帳款帳齡分析表的數值不相符，最主要的原因可能是原料被盜用了。

　　此時，多半是有人使用應付帳款軟體模組之外的方法，偷偷購買原料，供應商也收到了支票形式的付款。你認得供應商，是間合法的公司，但你付款購買的原料，並未歸入你的銷貨成本。

　　每到月底，除了損益表和資產負債表，會計也應該附上應付帳款帳齡分析表。請仔細審閱，確保應收帳款總額與資產負債表相同。

64 還本金與還利息，記錄項目不同

　　某間公司的卡車貸款在資產負債表上顯示負數，這時，老闆才發現自己的會計不懂會計。

　　負數的貸款意味著銀行或其他債權人，欠你購買該資產的錢──這是不太可能發生的。

　　事情的經過是：每當公司償還貸款時，還款的金額都被記入貸款餘額，但實際上，還款金額包括本金和利息。當貸款到期時，如果所有還款金額都被計入本金，資產負債表上就會出現負數，因為還款金額有一部分屬於利息。

　　假設卡車的貸款是每個月 500 美元。在這 500 美元中，利息為 100 美元，而本金則是 400 美元。會計上的紀錄應該如下：

　　貸款償還＝400 美元。

　　利息＝100 美元。

　　現金＝500 美元。

在大多數的會計軟體系統中，可以登錄償還貸款的收據，將利息設為貸記，現金設為借記。如此一來，你就可以看到自己和銀行正確的金錢關係了。

# 工資稅

判斷公司財報是否出錯最簡單的方法，就是檢查資產負債表的當前債務中，工資稅是否出現負數。負數的應付工資稅意味著政府欠你錢，除非你犯了非常嚴重的錯誤，否則這是不可能的。

工資稅在損益表及資產負債表都會出現，以下是工資稅的分類：

1. 員工會領固定的時薪或週薪，這是損益表上的項目。其中，第一線員工屬於直接支出，後勤員工則是間接支出。

2. 以美國為例，員工須依《聯邦保險稅法》（*Federal Insurance Contributions Act*，縮寫為 FICA）和聯邦醫療保險（Medicare），繳交一定比例的薪資給政府，這屬於資產負債表。你需要代表員工扣除這些錢，每週繳交給政府。

3. 雇主也要根據 FICA 和聯邦醫療保險，提報和員工薪資相應的金額，繳交給政府。這是損益表的項目。

4. 雇主從員工的薪資中扣下其他金額，如所得稅、扣發

工資（用以償還債務的司法程序）或退休金方案等，這些是資產負債表的項目，而不是損益表上的支出。

5. 雇主必須支付州政府和聯邦政府失業稅金，這些無法從員工的薪資中扣除，屬於損益表。

接下來將逐一檢視薪資表的項目（例如，應付聯邦的工資稅、預扣稅、FICA 和聯邦醫療保險保險稅），大部分公司都會製作類似的表格。請用下列方法記錄稅務支出和稅務應付款項，才能讓資產負債表上的應付帳款呈現正數。以員工史蒂夫的薪資為例：

● 史蒂夫本週薪資 1,000 美元。

● 他的 FICA 和聯邦醫療保險扣除額是 76.5 美元。

● 公司也需要提出 76.5 美元，並記為損益表的支出。

● 州政府所得稅預扣額 100 美元。

● 聯邦政府所得稅預扣額 200 美元。

● 史蒂夫必須支付撫養費，薪資扣除額每週 150 美元。

因此，史帝夫的薪資表在會計軟體登錄如右頁所示：

項目	金額（美元）
薪資	1,000.00
FICA 和聯邦醫療保險應付帳款	76.50
州政府所得稅預扣額應付	10.00
聯邦政府所得稅預扣額應付	200.00
扶養費薪資扣除額應付	150.00
支付員工現金	473.50

請注意，只有史蒂夫的薪資屬於損益表，其他項目都屬於資產負債表。而身為雇主必須支付的款項有：

項目	金額（美元）
雇主 FICA 和聯邦醫療保險支出	76.50
FICA 和聯邦醫療保險應付帳款	76.50
州政府失業稅支出	20.00
州政府失業稅應付帳款	20.00
聯邦政府失業稅支出	7.00
聯邦政府失業稅應付帳款	7.00

支出屬於損益表，應付帳款則屬於資產負債表的當前債務；支付政府稅金和扣發工資，應借記稅務應付帳款或扣發公司，並貸記現金。

附錄　臺灣薪資相關稅務

　　在臺灣，凡符合《勞動基準法》（簡稱《勞基法》）之勞工，雇主須依據〈勞工保險投保薪資分級表〉（全民健康保險除外），按員工薪水級距（參見右頁圖表 10），繳納以下費用：

　　1. 勞工保險（簡稱勞保）：根據《勞工保險條例》，員工滿 5 人的企業必須投保（未滿 5 人可自行決定是否參加）。該保險所提供的保障包含生育、傷病、失能、老年及死亡等給付，保險費率為 12%，由勞工自費其中 20%、雇主 70%、政府負擔 10%。

　　12% 的保險費率包括勞保普通事故保險（11%）和就業保險（1%）（參見第 182 頁第 5 點）。

　　2. 勞工退休金：根據《勞工退休金條例》（按：2005 年 7 月 1 日實施，在此之前則適用《勞動基準法》），雇主須按月提繳不低於每月工資的 6% 至勞工保險局設立之個人專戶，且不得從員工薪資中扣除。

　　員工可於 6% 範圍內，自願另行繳交退休金。

圖表 10	勞工保險投保薪資分級表（2024 年 1 月 1 日起適用,每年會依最低工資調整）	

投保薪資等級	月薪資總額（新臺幣）（實物給付應折現金計算）	月投保薪資（新臺幣）
第 1 級	27,470 元以下	27,470 元
第 2 級	27,471 元至 27,600 元	27,600 元
第 3 級	27,601 元至 28,800 元	28,800 元
第 4 級	28,801 元至 30,300 元	30,300 元
第 5 級	30,301 元至 31,800 元	31,800 元
第 6 級	31,801 元至 33,300 元	33,300 元
第 7 級	33,301 元至 34,800 元	34,800 元
第 8 級	34,801 元至 36,300 元	36,300 元
第 9 級	36,301 元至 38,200 元	38,200 元
第 10 級	38,201 元至 40,100 元	40,100 元
第 11 級	40,101 元至 42,000 元	42,000 元
第 12 級	42,001 元至 43,900 元	43,900 元
第 13 級	43,901 元以上	45,800 元

3. 職業災害保險：《勞工職業災害保險及保護法》於 2022 年 5 月 1 日起，將職業災害保險從勞保中獨立。該保險由雇主負擔，費率則依行業別而有不同。

4. 工資墊償基金：《勞基法》為確保勞工能在雇主歇業、清算或宣告破產而積欠工資、退休金及資遣費時，受到即時保障，規定雇主須依員工薪資總額之 0.025%，每月繳納工資墊償基金。由雇主 100% 負擔。

5. 就業保險：根據《就業保險法》，只要公司員工大於等於 1 人，即強制投保。費率會在 1% 到 2% 之間調整（2024 年的費率為 1%），其中雇主負擔 70%、勞工自付額 20%、政府支付 10%。

6. 全民健康保險（簡稱健保）：根據《全民健康保險法》規定，健保必須強制加保，費率為 5.17%。收費比例為員工 30%、雇主 60%，剩餘 10% 則由政府負擔。

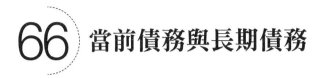

當前債務與長期債務

當你購買新的重要設備、卡車、建築物，或其他會隨著時間貶值的重大資產等，這些都屬於資產負債表上的長期或固定資產。假如該資產不會貶值，你可以在損益表上將其記錄為工具、供給品、辦公室家具或其他支出。

如果你是以現金購買，記錄方式很簡單：借記固定資產，並貸記現金。但是，如果資產是透過貸款購買，就可能出現會計錯誤。

假設你買了一輛 4 萬美元的新卡車，頭期款為 4,000 美元，並選擇以 4 年分期付款剩下的 3 萬 6,000 美元。

下表是卡車購入時的會計登錄：

項目	金額（美元）
固定資產	40,000
現金（頭期款）	4,000
長期貸款的當前債務	9,000（總貸款金額的 25%）
長期債務	27,000

　　債務會分成兩個部分：長期貸款的當前債務，和剩餘的長期債務。而當前債務指的是一年內必須償清的款項，因此，貸款第一年是當前債務，剩下三年則是長期債務。

　　接著，每次繳交貸款時，將其從長期債務的項目扣除，直到貸款的最後一年。而在貸款最後一年之前，長期債務的當期部分均保持不變（假設利息不是複利計算）。

67　預收的訂金，還不能列入公司帳！

　　每一間想要成功的公司，都必須正確追蹤並計算經常性計畫的收入。如果你的經常性收入是按月收款，也按月提供服務／產品，就不會有延遲性收入。只有在事先收錢再提供服務時，才適用延遲性收入的概念。

　　無論費用是年繳或月繳，**在提供產品和服務前，這些收到的錢都不算你的**。對公司來說，這些錢是債務，客戶是基於賭博和信任的心態付錢，而你有義務提供服務或產品。

　　此時，你應該將收到的錢存入有利息的儲蓄帳戶，而不是公司的營運帳戶。直到提供服務或商品前，這些都不算公司的錢，假如客戶想退費，也應該從儲蓄帳戶中提出。

　　當公司收到錢時，應該在資產負債表的當前債務，記錄為延遲性收入。假設你的客戶年繳 180 元，當你收到付款，交易內容如下：

現金貸記：儲蓄帳戶＝180 美元。

延遲性收入借記：經常性收入＝180 美元。

　　請注意，如果公司會計使用權責發生制，收到錢時仍不算交易完成，只有在提供服務或產品後，才能計入收入。假如公司一年提供兩次服務：

- 借記延遲性收入：借記首次提供服務的經常性收入 90 美元（此時帳戶餘額為 90 美元）。
- 貸記銷售：經常性收入 90 美元。

　　此時，你減少了 90 美元的工作債務，並增加了 90 美元的銷售。接著，從 90 美元的收入中，扣除該產品或服務的成本。提供第二次的產品或服務時，交易內容為：

- 借記 90 美元的延遲性收入（此時帳戶餘額為 0）。
- 貸記銷售：經常性收入 90 美元。

　　當帳戶餘額為 0 時，代表公司不再有工作債務，而客戶也接受了你們所做出的承諾。這時公司的總收入是 180 美元，延遲性收入 0 美元。

　　那麼，提供產品或服務時，現金部分會出現怎樣的變化？假如有必要，請從儲蓄帳戶中提出 90 美元，並轉移到營業帳戶。若提供產品或服務時不需要現金，就留在儲蓄帳戶中，這樣才能不斷累積現金，建立公司的現金安全網。

　　假如你在客戶加入公司的經常性收入計畫時，就將款項記錄為銷售，會發生什麼事？你會得到「財報水果沙拉」（financial statement fruit salad，參見第 87 小節）。

　　請在資產負債表上建立延遲性收入和儲蓄金額的欄位。接著，準確記錄經常性收入計畫的產品／服務提供和銷售狀況。如此一來，你才能確保損益表正確無誤，並了解自己的經常性收入銷售是損益相抵，還是能夠獲利。

68 流動比率，現金流出現危機的預警器

「我們有 3 個月沒有檢視公司的財務狀況，因此陷入現金流的危機。」4 月時，該公司計算了當前流動比率（自 12 月以來，有 3 個月沒有收到財報）：

月分	12 月	1 月	2 月	3 月
當前流動比率（％）	1.04	1.02	0.99	0.93

該公司在 12 月時就幾乎付不出帳單。到了 4 月，他們陷入現金流不足的危機。假如老闆在 1 月時，就知道當前流動比率降低，或許就可以及早透過行銷，提升可獲利的交易量來避免。

當前流動比率，能在現金流出現危機前發出警示，同時，它也能告訴你，公司的獲利性是上升或下降。當前流動比率是衡量現金流動性的方式──也就是公司是否能支付各種帳單。

我們可以從資產負債表上的數字來計算當前流動比率，

公式如下：

當前資產／當前負債

當前資產指的是現金，或是一年內可以轉換為現金的資產，當前債務則是指必須在一年內償清的債務。請不要將一年內不會償還的應收款項或應付款項列入計算。

可以到風險管理協會（Risk Management Association），或是鄧白氏公司（Dun & Bradstreet）等風險評估組織，查詢旗下產業的平均當前流動比率。

若比率低於1％，代表公司處於現金流危機中，沒有足夠的當前資產能轉換為現金、償還當前債務。唯一扭轉比率低於1％的方法，只有持續進行可獲利的交易。

那麼，1.95％的當前流動比率是好還是壞呢？其實，要視情況而定。

假如產業的標準比率是1.5％，那麼表現就很不錯。不過，還是要和前一個月的比率對照。若上一個月的比率是2.05％，這個月卻下降到1.95％，這個趨勢是不理想的。如果比率上升，則代表公司正在進步、朝著正確的方向發展。

檢視當前流動比率時，我們得看整體的趨勢，只有一個月的數字沒辦法告訴我們太多訊息。

現金注入（例如美國的薪資保障計畫貸款〔Paycheck

Protection Program，縮寫為 PPP。按：旨在提供低利貸款，以協助在 COVID-19 疫情下遭受經濟衝擊，因而需要尋求員工工資補助的企業〕）時，可能會讓你的當前流動比率膨脹，因此，這時比率上升並不代表公司獲利性提高。

而流動比率降低，是獲利性降低的前兆，支出比例可能比營收更高，代表當前負債大於當前資產。當比率降低時，請找出原因。你可以檢視公司的獲利性，思考如何扭轉虧損的狀況。

其他造成當前流動率降低的主因，也可能是因為公司購買了長期資產。舉例來說，如果你以現金購買一輛車，現金就會減少——這是當前資產，而長期資產則會增加一輛車。因此，現金雖然減少，長期資產卻增加了。

當現金減少，而當前債務維持不變的情況下，當前流動比率就會降低。如果公司使用現金，而非貸款，購買大量器材、家具或建築物等資產，也會出現同樣的情況。這個過程是將當前資產轉換為長期資產，會使當前流動比率下降。

假如公司的當前流動比率提高，代表獲利性提升，支付帳款的能力亦然。

另一個比率提高的可能原因，是資產的出售。當公司售出一輛卡車時，就是將長期資產（卡車）轉換為當前資產（現金），比率會因此上升。然而，大多數時候，當前流動比率提升，主要還是因為獲利性的提升。

69 最能反映庫存狀況的酸性比率

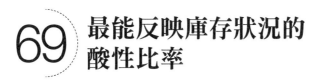

「我們本來沒有發現公司在堆積庫存。」那麼，這間企業是如何發現的？原因是當前流動比率（參見第 68 小節）和酸性比率（acid test）之間的差距不斷提高，而這兩種比率的差值應該是穩定或固定的（參見圖表 11）。假如兩種

圖表 11　正常當前流動率及酸性比率的趨勢

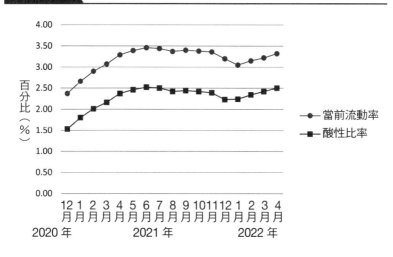

比率之間的距離增加，就代表公司正在累積庫存。

酸性比率也稱為速動比率（quick ratio）。假如你的公司沒有庫存，你就無須計算這個比率。而對於擁有庫存的公司來說，計算速動比率能反映出庫存的使用狀況。

酸性比率的計算需要使用資產負債表，計算方式如下：

當前資產－庫存／當前負債

和當前流動比率一樣，你可以到風險管理協會查詢平均

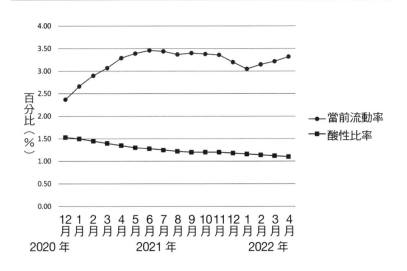

圖表 12 庫存增加時的當前流動比率及酸性比率發展趨勢

酸性比率。假如酸性比率正在降低，代表獲利性降低，或是公司購入了一些資產；酸性比率提高，則代表獲利性提升或販售資產。一般來說，酸性比率的發展趨勢會與當前流動比率相符。

　　假如當前流動比率改變，每個月的酸性比率卻維持不變，或剛好相反，代表你的庫存發生如圖表 12 的變化。

　　若當前流動比率不變，但酸性比率降低，代表你正在用現金購買庫存。請務必謹慎進行交易，庫存是一場賭注，可能吸乾你的現金。

70 長期負債權益比

債務比率分成兩種：負債權益比和長期負債權益比。

某間公司的負債權益比（debt to equity，縮寫為 D/E）正大幅提高：

月分	6 月	7 月	8 月
負債權益比	2.65	2.62	3.02

為什麼會突然提高？因為公司的採購代理人購入了比平常更多的庫存。他說，此時購買原料能享有更划算的價格。這是個正確的賭注嗎？很幸運的，他賭對了。由於當時的原料成本較低，公司因此從產品的銷售中獲得了更多利潤。

負債權益比反映的是公司背負的債務，可以透過資產負債表來計算，公式如下：

總體債務／總體資產

　　總體債務指當前債務和長期債務的總和。把總體債務除以公司的資產（公司的總淨值或資本）後，這個數值應該會大於 0，但是越低越好。

　　負債權益比並沒有所謂的平均值。我曾看過有間公司的數值高達 11，卻仍然獲利。大多數時候，如果負債權益比大幅提升，代表公司有數個長期專案正在起步階段，而公司為此購入大量的器材和原料。在這樣的情況下，公司會隨著專案開立帳單，應收帳款因此大幅增加。

　　如果當前流動流動比率和酸性比率朝著正確的方向發展、長期負債權益比和薪酬百分比處於合理的範圍內，那麼，負債權益比的數值就沒那麼重要——除非它像上述的例子一樣，在一個月內急劇上升。畢竟，公司可以應付債務，就表示能夠支付帳單（參見第 90 小節）。

　　所以，請把負債權益比當成警訊。負債權益比不應該驟然提升，而是該維持不變，或是逐漸降低。假如負債權益比不斷提升，就是公司購買太多原料，或是沒辦法支付帳單的警訊。

　　假如負債權益比降低，意味著公司獲利性增加，正在逐漸償清債務；假如負債權益比提高，則代表公司獲利性降低，背負更多債務。關注負債權益比的發展趨勢，而不是具體數值，才能確保公司不背負過多債務。

　　關於負債權益比的最後一個重點：絕對不應該是負數！

假如該數值出現負數，則代表公司的淨值是負的，也就是債務大於資產。當這樣的公司尋求貸款，幾乎不會有銀行願意提供金錢，除非有特殊原因，或是擁有足以抵押的資產。當公司的淨值出現負值，代表公司的麻煩大了，恐怕已經虧損很長一段時間。

另外一種債務比率，是長期負債權益比（long-term debt to equity，縮寫為 LTD/E）。這項金融比率看的是公司積欠多少長期債務，同樣需要在資產負債表進行計算，公式如下：

長期債務／總體資產

再次提醒，請確保長期債務應該包含的項目都沒有遺漏。假如計算時包含了銀行貸款和貸款的當前部分，數值就會被高估。

在大多數情況下，長期負債權益比應該大於等於 0，並且小於 1。這個數值也絕對不能是負值！

長期負債權益比能反映公司是否承擔必須在數年內償還的高額長期債務，你會希望這類的負債越少越好。

假如長期負債權益比逐漸降低，代表公司的可能獲利性提高，或是償還了一些長期債務；**假如比率提高，則是個警訊，代表公司的獲利性降低，且累積了更多債務。**

71 應收帳款周轉天數 控制在幾天才合理

　　某位老闆忽視了公司應收帳款周轉天數拉長的趨勢。當他開始檢視應收帳款帳齡分析表時，才發現天數正在增加，這代表有客戶沒有付清帳單。幸運的是，他意識到問題的嚴重性，在出現現金流危機之前就加以解決。

　　該公司正常的應收帳款周轉天數是 45 天左右，卻慢慢提升到 60 天。這意味著公司需要在收到款項前，先墊兩個月的費用。於是，公司老闆僱用了收帳專員，讓應收帳款周轉天數回降到 45 天，並保持下去。

　　應收帳款周轉天數是指公司寄出收據，直到收到款項之間的天數。計算基礎是應收帳款周轉率。

　　應收帳款周轉率反映的是公司在收取應收帳款時的效率。應收帳款周轉率是以年化銷售額來計算，計算時會使用到損益表和資產負債表，公式如下：

　　　　年化銷售額／應收帳款　或
　　　年化銷售額／（應收帳款＋現金）

　　如果要將銷售額年化，就將該年度至計算日的銷售額乘以 12，再除以該月在財政年的月分數。舉例來說，假如該年至計算日的銷售額是 10 萬美元，該月是財政年的第 5 個月分，計算方式就是將 10 萬美元乘以 12，再除以 5。

　　接著，把結果數值除以應收帳款。計算時僅採用應收貿易帳款，也就是客戶欠公司的款項，不要納入員工應收帳款或企業負責人應收帳款。假如公司超過 50％ 的收入是現金，那麼應使用應收帳款加上現金作為除數。

　　應收帳款周轉天數衡量的是公司收取應收帳款的效率。其中，天數以應收帳款周轉率來計算，公式如下：

365／應收帳款周轉率

　　假如應收帳款周轉天數提升，代表開了更多支票、現金交貨的銷售較少，以及較少的收款。相反的，假如天數下降，則代表支票較少、現金交貨的銷售較多，或是更頻繁的收款。請試著將公司的應收帳款周轉天數保持在 45 天以內。假如公司的收入主要來自現金交貨，那麼應收帳款周轉天數就應該在 30 天以內。

72　財報不會出現的金流

「公司的現金都去哪裡了？」某位企業負責人僱用了新的會計，工作內容包含打電話給沒有準時付錢的客戶。

每個月，老闆都會印出到期的應收帳款清單，追蹤哪些客戶積欠公司款項，以及這些款項中有多少已經逾期。不幸的是，該公司並不是每個月都能準時看到財報。許多時候，老闆甚至晚了 3 個月以上才看到（1 月的財報到 4 月才準備好）。因此，他沒能好好掌握應收帳款的金額，財報上的數值遲了好幾個月。

然而，他確實看到有現金流入，收到高額支票時也會得到通知，公司的現金量卻一直很拮据。

有時候，公司連員工薪水也付不出來，或是無法準時付款給所有的供應商。鑑於流入的現金量，這種情況一點也不合理，老闆也想不出是哪裡出了問題。

於是他遵循我的建議，要求員工拿出應收帳款帳齡分析表，並對照帳齡表和資產負債表上的應收帳款，卻沒有發現任何問題。

　　最後，他找出最近幾個月的分錄。他發現，現金提取紀錄和分錄上的數字，是為了讓資產負債表上的應收帳款與應收帳款帳齡分析表相符而假造的。

　　由於**分錄不會出現在財報上**，公司老闆不曾看到這些變化。調查後發現，負責應收帳款的員工於在職期間，竊取了超過 10 萬美元的公款。

　　請務必核對分錄與財報，確保兩者都正確無誤。

73 每次收到現金，就存 1%

「我不知道自己下個月還能不能領到薪水。」某位銷售員效力於墨西哥灣地區的公司，颱風的侵襲對該地區造成了嚴重災害。

公司受到很大的打擊，遲遲無法恢復運作。即便有營業中斷保險（business interruption insurance），也還需要一段時間才會支付給公司，但他們當下就需要現金。

公司必須有能仰賴的現金儲蓄，而數量取決於風險偏好。以下是我計算應該儲蓄多少現金的公式：

1. 估算公司在旺季時，單月最高的薪資支出總額，然後乘以 3。

2. 估算公司在旺季時，單月最高的間接成本，根據你的風險偏好，乘以 3 到 6 不等。

3. 把兩個數值相加。

至於該如何累積現金存款，我的建議是：**每收到 1 美**

元現金，就存下 1%。假如公司收到 1 萬美元的支票，就把 100 美元存進儲蓄帳戶。這時，還會剩下 9,900 美元供公司營運，而這 1% 的儲蓄將飛快累積。

另一個以備不時之需的儲蓄方法，是透過公司經常性收入的儲蓄帳戶。即使客戶預先付款，在公司完成產品或服務前，這些錢都不該是公司的，請把這些錢先放到一邊！當產品和服務完成後，才算是賺到錢。

除非營運需要，否則別把錢從儲蓄帳戶裡領出來，放在戶頭裡越久越好。此時的目標是讓經常性收入儲蓄帳戶裡的金額，高於資產負債表上遞延收入帳戶的金額。

累積你的儲蓄，才能在歷經颶風或全球性疫情時，幫助公司度過困境。

74 報帳收據，最該仔細核對

「我太忙了，沒有時間核對加油的帳單。」某位會計人員這麼對我說，我立刻把這句話向老闆報告，加油的帳單馬上就被處理了。

會計永遠都不應該因為太忙，而沒有核對任何一筆款項。提到加油和信用卡帳單，請確認員工是駕駛公司車，而不是他們的私家車輛；請確認員工使用公司的信用卡時，只購買公司需要的東西。

假如會計發現某位員工的加油費遠高於其他人，或是使用公司信用卡購買個人物品，就應該仔細調查。許多公司會要求員工在加油時，回報車輛的里程數，以在定期檢修車輛時核對。

此外，公司政策應當清楚規範，公司的信用卡可以用在哪裡、不能用在哪裡。假如會計發現員工用公司的信用卡買了其他商品，就必須要求該員工償還該筆支出。

會計永遠不應該忙到沒時間檢查收據！

75 盜用公款賭博的修女

　　如果連修女都不能信任，那還能相信誰？2017 年 12 月，兩位修女被發現盜用加州托倫斯（Torrance）天主教聖雅各伯堂（St. James' Church）教育資金共 50 萬美元。她們用這筆錢去拉斯維加斯（Las Vegas）賭博。最終，兩位修女於 2022 年定罪。

　　其中，有兩個值得注意的細節：

　　1. 這樁罪行曝光是因為高層人事異動，由於資金一直有盈餘，起初沒有人起疑心。

　　2. 兩位修女發現一個「被遺忘的帳戶」。該帳戶設立於 1997 年，用來存放一部分的學費。

　　假如修女都會盜用公款，那麼，包含家人在內的每個人，都可能這麼做。因此，企業負責人有義務為進出公司的每一分錢負責。請每天檢視公司所有銀行帳戶、每個月檢核財報，並親自簽署每一張支票。

只要去一趟銀行，就知道有沒有存在多個帳戶，以及是否有可疑的現金出入。如果一週被盜用 25 美元，一年就會損失 1,300 美元。

你應該每個月核對所有銀行帳戶，請印出對帳單，並仔細檢查。假如你讓會計處理，也不看報告，他們就有可能造假或偷懶，畢竟這是非常簡單的偷竊方式。

第 4 章

損益表，
每天、每月的計分板

76 獲利多寡，不在損益表上

　　某位企業負責人很自信的向我表示：「每個月我都會檢視當月和年度累計的數據，我知道公司的進展。」但其實，他只是處在虛假的安全感中，並不知道公司的實際狀況。

　　即便損益表顯示公司該月獲利，當前流動比率卻逐漸下降，每個月的獲利都在減少，不過由於幅度並不大，老闆便沒有深入探究。

　　假如會計以現金收付制為基礎（參見第 5 小節），就永遠不會知道公司是賺錢或是虧損；採用權責發生制時，每個月的損益表就會告訴你，當月公司是獲利或賠本。但是，損益表不會告訴你長期的損益狀況──也就是獲利性。一個月的獲利效期只有那個月算數，那麼，3 個月或 1 年後呢？

　　獲利性才能告訴你公司是否朝著正確的方向發展，而**當前流動比率**（參見第 68 小節）**才能顯示出公司的獲利性**。一般來說，提升的當前流動比率，代表獲利性提升。

　　損益表顯示的是短期的獲利或虧損，每個月或每年都會重新計算。損益表不會告訴你，這個月的獲利與上個月相

比，是成長還是降低。獲利固然重要，但是計算當前流動比率，才能知道公司獲利的幅度。

資產負債表具有延續性，能讓你了解長期獲利性是提升或降低。

77 每個月都重新計算

每一年，損益表都要重新計算。對於一年以 12 月告終的公司來說，1 月 1 日又從頭開始，營收和支出都會歸零。

如果公司在 1 月出現虧損，請找出原因、從中學習，就有機會在 2 月時獲利。

損益表每個月或每一年都會從 0 開始。假如公司在某個月獲利很多，那麼是一件好事。若公司某個月嚴重虧損，下個月 1 日又會開始重新計算，你只要確保下個月能獲利就好。但是，連續虧損太多個月分，就可能是場災難了。

78 哪些是非營運收入（代表不是你賺的錢）？

「我們賺的錢比以前還多。」某位企業負責人這麼說。當我檢視他的損益表時，發現他把薪資保障計畫的貸款豁免計算為營運利潤的一部分，但這麼做實際上是錯誤的，貸款豁免和營運利潤一點關係也沒有。貸款豁免確實是收入，但並非營運收入，而是屬於其他類別。

你的損益表上應該區分營運及非營運收入和支出、列出營運淨利，以及其他收入和支出。一旦計入其他收入和支出，公司稅前的損益狀況會如同右頁圖表 13 所示。

以下是其他收入的例子：

● 儲蓄帳戶或其他投資項目的利息。

● 貸款豁免，例如美國在疫情期間的薪資保障計畫。

● 出售已在資產負債表上完全折舊的資產。例如公司以 1,000 美元賣掉一輛卡車，而此輛卡車在資產負債表上的價值為 0，那麼，這 1,000 美元就應該歸為其他收入。

圖表 13　損益表格式

營收
－銷貨成本
＝毛利
－間接成本
＝營運淨利
＋其他收入
－其他支出
＝稅前淨利
－稅金
＝淨獲利

以下是其他支出的例子：

● 和日常營運無關的法律行為或其他支出，例如併購其他企業。

● 沖銷發生於非營運年度的壞帳（即資產負債表上的應收帳款是 2 年前完成的工作所產生，但在今年核算）。

● 出售資產的價格低於資產負債表上顯示的金額。例如公司以 1,000 美元出售一輛卡車，而該車輛在資產負債表上的價值為 2,000 美元，會產生 1,000 美元的其他損失。

假如你把這些非營運收入和支出列入營運收入和支出，你就永遠不會知道公司實際上是獲利還是虧損。

79 銷售不等於營收

　　銷售和營收的意思並不同，不幸的是，這兩個詞時常被混用。假如你在損益表上將營收誤植為銷售，就可能會出現錯誤。

　　銷售就只是銷售，而營收是銷售中，已開立發票並記入帳戶的部分。如果公司以現金交易為主，那麼，營收就會等於銷售額。以下是幾個營收和銷售並不相等的例子：

　　1. 案子花了 4 個月才完成。

　　你賣出 100 萬美元的專案，並花了 4 個月完成。銷售額為 100 萬美元，但是，除非專案在 1 個月內完成，不然這 100 萬美元不會全部出現在售出月分的損益表上；假如 1 個月內完成，銷售和營收則會相同。

　　假如專案持續了好幾個月，一般來說帳款會在幾個月內分次收帳。出現在損益表上的營收，就是該月收到的帳款。完成專案期間的總收入，會等於銷售額。假設專案每個月都完成 25％，損益表上的營收則是每個月 25 萬美元，而不是

100 萬美元。執行專案時的支出，也會出現在同一個月的損益表。

2. 預先付款的經常性收入計畫案（或是按月收費）。

假設有位客戶每年 1 月都付你經常性收入專案的 250 美元，而該計畫案的活動會在 4 月和 10 月進行。其中，銷售額是 250 美元，請在資產負債表上記錄為 250 美元的延遲性收入，而不是損益表上的銷售額。

為什麼？因為，即使收到了錢，公司仍積欠對方執行工作的義務。

當你在 4 月進行第一場活動時，你的債務和延遲性收入就會減半，損益表上會有 125 美元的收入。

你必須了解每個月執行專案所得到的營收，否則，公司會忙著工作，結果卻完全無法反映在損益表上。這就是為什麼許多人經常抱怨工作忙碌，公司卻虧損連連的原因。

80 毛利不等於淨利

「我們上個月有 40％ 的獲利。」某位經理在團隊會議中宣布，因此，團隊成員們離開會議室時，都以為公司的表現出色，有機會在這個月加薪。

我向這位經理解釋，他說的是錯誤的百分比。40％ 是毛利率，而不是淨利率，毛利率的數值沒有包含間接支出。

下次開會時，他向團隊說明自己的錯誤。他也提到，假如部門真的有 40％ 的淨利率，那麼每個人都能得到一大筆分紅，不幸的是，部門的淨利率其實僅有 10％。上個月的數字中，他沒有加入租金、水電費和其他公司營運必要的間接收入。

毛利指的是營收扣除產生營收的直接成本，毛利率是毛利的百分比，是毛利除以銷售額。毛利的單位是元、毛利率則是百分比；而**淨利則是將毛利扣除間接成本**，淨利率是淨利除以銷售額，而淨利的單位也是元。

請確認你告訴員工的是正確的百分比，員工也能因此理解毛利不等於淨利。

81 出現負毛利率？哪裡錯了

「損益表上的毛利率是負數，你哪裡弄錯了？」某位企業負責人發現會計非常懶惰，他尚未登錄該月所有收入，就逕行關帳，也沒有為該月所有專案開出支票，卻還是計入該月所有的支出（參見第 9 小節）。

由於當月所有支出都已登錄，卻沒有計入營收，毛利率自然會呈現負值。這意味著，公司花了 1 美元買入某個零件，卻以低於 1 美元的價格賣出。

老闆知道他們的定價沒有問題，完全是會計怠惰的錯。

除非遇到需要保固的狀況，否則毛利率不可能是負值，沒有任何公司會以低於成本的價格出售產品。如有保固需要處理，由於必須維修或修理第一次未正確完成的工作，會產生沒有收入的成本。在這樣的情況下，你的營收才會是 0，還得付出直接成本，此時毛利和毛利率都會是負值。

82　毛利率變化須小於 2%

　　如果你的定價維持穩定，那麼毛利率也應該如此。若毛利率是 42%，就該一直維持在 42%，不應該這個月 42%，下個月卻變成 45%，或是降到 38%。

　　當你的損益表顯示毛利率發生變化時，可以檢查是否為下列原因：

- 專案花了比預期更長的時間。
- 使用比預期更多的原料。
- 出現預料之外的成本。
- 財報水果沙拉（參見第 86 小節）。

　　假如是提案或估價的環節出錯，從中學習並預防；假如是原料成本提高，你就應該提高報價（參見第 50 小節）。

　　所有銷售公司都有銷貨成本和毛利率。假如你的公司是提供服務，沒有實體產品，仍然會有銷售成本——也就是替你提供服務的人。你也還是會有毛利率。

　　穩定的毛利率意味著你的毛利率變化須小於 2%。舉例來說，假如公司設定的毛利率是 53%，而實際情況如下：

月分	毛利率（%）
1	53
2	51
3	49
4	55
5	56
6	48

　　這就不是穩定的毛利率，因為數值在 3 月和 4 月時，從 49% 變成 55%，變化的幅度太大，你必須釐清原因。請確認所有產生的收入和成本，是否記在正確的月分。

　　以下是毛利率的理想狀態：

月分	毛利率（%）
1	53
2	52
3	51
4	52
5	54
6	53

　　毛利率的變化僅有 1% 到 2%，且接近理想的 53%。請確保公司的毛利率維持穩定，且接近定價時的理想數值。

83 定期清點庫存

「我很開心能幫你打造客服部門，但是，首先要修補倉庫的漏洞。很多原料在無人知曉的情況下被拿走了。」根據我的計算，該公司在原料上損失了將近 50 萬美元。

於是，該公司老闆立刻修正倉儲流程：在專案開始執行後，公司必須馬上列出原料需求，且只有一個人能接觸庫存，並負責準備清單上的原料。任何未使用的原料都必須放回倉庫，而回收的部分就會從工作案的支出中扣除。

公司需要精確計算倉庫和使用中的庫存。這很麻煩，往往需要好幾週的時間。因此，在最初清點庫存的過程中，最好同時建立每個月的清點程序。

一開始，公司每個月都會清點庫存，並和資產負債表對照，然後才變成每季、每年清點一次。該公司此後再也沒有出現如此巨大的庫存損失。

你必須知道有哪些原料進入倉庫，又有哪些投入工作，才能正確計算出專案的成本（參見第 88 小節）。

84 薪資支出多一倍？

　　我根據某間公司向聯邦和州稅務部門提交的工資報告，發現薪資支出多了一倍，因為公司把所有的薪資支出，都當成間接成本。這是錯誤的。

　　薪資支出分成兩種──員工薪資支出和公司薪資支出。對於生活風格方式型企業，如果只有一位老闆，或是單人的有限責任公司，那麼這位唯一的老闆就需要承擔員工和雇主的工資支出。

　　員工的薪資會扣除工資稅和預扣稅金，雇主必須拿出相等的員工工資稅（預扣稅金則不需要）。上述提到的支出，以及失業保險和其他薪資稅金，都屬於間接支出，員工無須支付。請不要將這些費用列為直接成本，否則計算出的營運淨利就會比實際來得低（參見第 65 小節）。

85 勞力屬於直接成本

「公司的毛利率很棒，我很開心。」

「你不應該開心，你把所有的勞力都算成間接成本，這樣算出來的毛利率會比實際上高很多。」

這間公司的損益表上，生產商品的勞力並沒有被列入銷貨成本，所有的勞力都被歸類為間接成本。**生產商品的勞力是直接成本**，如果未將生產勞力歸在正確的類別，公司的財報就會出現過高的毛利率。

直接成本（也就是銷貨成本）是商品或服務產生營收時的成本。我時常會看到有人將直接成本和間接成本搞錯，以下是間接成本：

● 後勤員工的薪資。

● 正常的直接成本中，未能創造收入的時間，如休假、節日、病假、會議、培訓或任何其他支出費用。

● 未帶來營收的管理階層薪資。

以下是直接成本：

● 銷售佣金。

● 信用卡付款的營收所造成的信用卡手續費。

● 所有時薪和薪資支出。直接勞力成本為直接成本。

確保所有的成本妥善歸類。如此一來，你才能維持穩定的毛利率（參見第81小節）。

86 馬上用到的原料，不是庫存

「公司的定價正確，生意也很繁忙，這個月的損益表卻顯示虧損。」

仔細檢視損益表後，我發現原料支出比實際上高出許多，其中，庫存也被列為損益表上的支出，而不是資產負債表上的庫存項目。

假如公司因為供應商的提供優惠，而購買了大量庫存，又將這些庫存列為原料支出，那麼損益表就可能出現虧損。

如果公司提早購買日後才要使用的原料，那麼，計算出的營運淨利就會比實際更低；而使用這些原料的月分，營運淨利則會高於實際。兩者都不正確。

假如公司為了某個專案而購入原料，這筆支出屬於銷貨成本，而不是庫存；假如是因為未來的需求而購入原料，那麼就屬於庫存。

如果直接將所有原料的購買都算成銷貨成本，那麼毛利率和淨利都會比實際情況更低。這對工具型和轉型企業來說，影響非常重大，庫存就是場賭博（參見第 57 小節）。

87　財報水果沙拉：計了收入，卻不計支出

　　某位企業負責人剛記錄完前幾個月的工作，卻沒有意識到他的財報就像是水果沙拉。

　　財報水果沙拉是指損益表中報告了收入，卻沒有計入產生該收入的支出，或是在某個月報告了支出，而沒有計入由這些支出所產生的收入。

　　舉例來說，假如營收被計入某個月（蘋果月），而產生這些營收的支出卻被計入另一個月（橘子月），那你在檢視損益表和工作成本時，就得到水果沙拉（蘋果和橘子）。

　　財報水果沙拉會有災難性的後果。每個月的營收必須符合該月的支出，才能做出營收和直接成本相關的正確決策。在損益表上列出銷售時，請務必將投入生產的成本列入。

　　假如你把營收歸於某個月，卻把支出歸在另一個月，無異於自欺欺人。

　　以下是可能的狀況：只有營收而沒有支出的月分，從利潤的角度來看很棒，你或許會看好公司前景；只有支出而沒有收入的月分，看起來則是虧損慘重，會令你感到悲觀。此

時，我們將無法做出良好的商業決策。

　季節性的差異也可能影響你對財報的看法，但是，即便是營收上的小月，你的毛利率仍應該保持穩定。或許營收會不足以支付間接成本，導致財報會顯示虧損，但只要有足夠的經常性收入，且會計過程正確，即便在小月，公司至少也應該達到收支平衡。

88 租金、水電費，每月列出

　　大部分的公司每個月都需要支付租金、水電費，以及電話費等，這些支出的金額每個月都很相近。

　　假如損益表上沒有出現，或是出現了雙倍的數字，就代表你的會計人員忘記了某個月分，只好記錄在下一個月。

　　公司的營運淨利會因此出錯，在沒有列出支出的月分會較高，在雙倍支出的月分則會過低。

　　確保所有的支出都列在正確的月分，讓財報維持精確，以利公司以此為基礎，做出正確的商業決策。

89 工作成果，不該看毛利率

「上一個專案的毛利率達到 35％，這讓我很開心。」這是值得開心的理由嗎？其實，毛利率沒辦法反映全貌。有些公司的專案毛利率達到 35％，卻還是虧錢，這樣的情況很常見，而原因如下：

工作成本的核算，是針對個別專案提出損益報告。其中，每小時的淨利（參見第 44 小節）是重要的損益指標。

成本核算從產生的收入、專案的可計費工時、總直接成本和總間接成本開始。間接成本是工作時數乘以每小時的間接成本（參見第 42 小節），唯有將間接成本列入考量，核算的結果才有意義（有些公司犯的錯誤，就是只看毛利和毛利率）。

核算時，也應當留下空間列出所有參與專案的員工，你可能會因此發現，有些團隊成員每小時的淨利特別高。這樣一來，你就能知道哪些團隊最具生產力，以及哪些成員需要額外的訓練。

只靠毛利率來判斷專案成果是很危險的一件事。

90) 你的員工有生產力嗎？

公司的員工生產力如何？勞動生產率（也稱為薪資比率）趨勢能告訴你答案。

勞動生產率或薪資比率回答的問題是：每 1 美元的收入，薪資和工資稅必須支出多少？公式如下：

（總薪資＋工資稅）／營收

如果想知道公司的生產率，請把總薪資支出和工資稅相加，再除以每個月的總銷售額。在美國，薪資包含所有的員工薪酬，也就是公司每個月對國稅局提交的〈表格941─雇主季度聯邦納稅申報單〉（*Forms 941, Employer's QUARTERLY Federal Tax Return*）工資總額。工資稅包含FICA、聯邦醫療險、州政府失業稅，以及聯邦失業稅，不要加入勞工保險、健康保險或其他福利。

如果想要提升生產力，就降低薪資百分比比率（代表你花比較少的錢在薪資和工資稅）。以下是我的建議：

● 公布每個部門每個月的薪資比率。只要有人注意到薪資比率和生產力有落差，就會有所改善。

● 增加趣味性，舉辦競賽，看誰能降低薪資比率。舉例來說，假如你的薪資比率是 45％，而你想要降到 35％，就提供誘人的獎賞，給能夠將比率維持在 35％ 以下的部門。在同樣的銷售額下，如果薪資和工資稅能減少 10％，會直接提高你的獲利。你可以和幫助你達成目標的人，一起共享甜美的成果。

● 如果薪資支出不變，而銷售額提升，也能降低薪資比率。你的員工或許能在每個月同樣工時的條件下，想出提高銷售額的方法，多出的金額將會提高你的獲利。

● 不要以 2 小時為基礎來估算專案時數。例如，一個 6 小時的專案會奇妙的延長到 8 小時，一個 2 小時的專案可能不知不覺就拖到午餐時間。應該以 4 的倍數為基礎：4、8、12、16、20、24 小時等。

● 監控加班時數。假如有人每週花 1 個小時瀏覽社群網站或講私人電話，卻得到 1 小時的加班時數，請把這樣的時數刪除。假如沒有社群網站或私人通話，一天的時間足以把工作完成。此外，也應該發給員工公務機，你才能監控員工通話。

確保你的勞動生產率逐步下降，或維持穩定。

91　圖表更能看出損益趨勢

　　圖表能看出公司的損益趨勢。請製作收入、毛利、總開銷和淨營運利潤的圖表，並確認每個類別的數值都正確無誤（參見第 84 小節）。可以利用以下兩種方式繪製圖表。

　　每月數據：從每個月各報告取得數值（參見圖表 14）。

　　滯後數據：這需要逐月檢視一整年的數據，繪製方式是

圖表 14　每月損益數據圖表

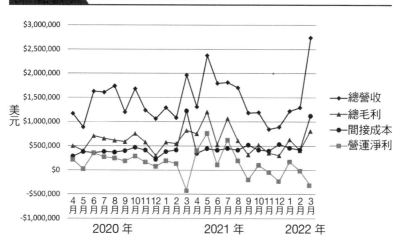

將 12 個月的數據加總，再除以 12 來得到當月的數據點（參見圖表 15）。

　　舉例來說，2022 年 1 月的營收數據點，是將 2021 年 2 月到 2022 年 1 月的營收加總，再除以 12。你也可以計算每週（除以 52）或每一季的滯後數據。圖表 15 為按月計算。

　　滯後數據需要至少 14 個月的數據。如果少於 14 個月，就沒辦法繪製出正確的滯後數據圖表。

　　滯後數據圖表會顯示營收是增加、不變，或是減少。假如出現下滑趨勢，就必須找出原因，並且在獲利降低之前採

圖表 15　滯後損益數據圖表

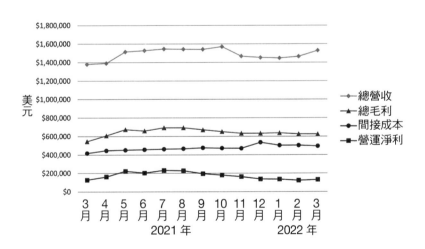

取行動；滯後數據圖表也會告訴你公司毛利的變化。毛利的線段應該和營收平行，若否，代表你正在以較低的利率銷售產品。

　　滯後數據圖表中的間接成本應當減少，或是維持不變。假如提升，請思考是多出哪些額外的成本；同時，滯後數據圖表也能看出營運淨利是否增加。假如淨利降低，而數據無誤，請思考如何扭轉虧損的狀況。

　　圖表 14 和圖表 15 是某間公司的每月和滯後數據。該公司的獲利相當穩定，成長步調符合增加的成本。當獲利性降低時，必須採取行動來穩定或提高（兩個應該檢查的重點：確保定價是否隨成本而提高，以及勞動生產率是否增加）。

　　追蹤滯後數據能讓你了解公司的損益趨勢。假如趨勢不理想，請找出問題並加以解決。

第 5 章

當你發現員工偷錢

92 那些最受老闆信任的會計

　　貪汙者最高的目標，就是成為受到信任的會計。某位正在上我的「創造利潤和財富」課程的企業負責人告訴我，他的會計出事了。

　　課程的第二天，我解釋了如何讓員工保持誠實正直和職業道德。

　　這位負責人在公司遇到財務危機時，僱用了會計。會計進入公司後，把帳務都整頓得很好，公司也得以了解財務狀況，並做出必要的決策，才重新開始獲利。

　　新進的會計讓公司帳務變得條理分明，他也和老闆的妻子成為好友，因此，老闆很信任他，不再每個月檢查公司的財報。

　　這時，老闆決定將每週的薪資改為直接存入員工的銀行帳戶。這是貪汙的會計耐心等候的機會。會計在收到員工薪資的支票後，會另外寫一張支票給自己，兌換為現金，再從 QuickBooks 軟體上刪除。由於對帳事宜皆由他負責（且老闆不再檢查其正確性），老闆自然無法看到被刪除的支票。

當公司的現金流開始出問題時，百思不解的老闆才開始關切。

他打電話告訴我這個情況時，如此評論：「我聽著你的課，心想這種事不可能發生在我身上，卻還是發生了。」

該會計在被捕之前，竊取了大約 6 萬美元。如果以淨利的 10％ 計算，公司必須產生 60 萬美元的營收，才能彌補這個錯誤。

93 任何員工都不該有簽支票的權限

　　無論如何，會計都不該有簽支票的權限。否則，會計將可以簽署給任何人的支票，甚至開支票給自己。

　　如果會計擁有簽支票的權力，就很難因為他們開支票給自己而依法懲處。假如他們沒有權限，這會是刑事犯罪。然而，假如他們擁有權限，進而竊取金錢，那麼你也必須付一半的責任，因為是你賦予他們權力，這會變成民事案件，而非刑事犯罪。

　　會計也不應該要求簽署支票的權限。假如公司沒有按時繳納工資稅，國稅局可以要求任何有簽署支票權力的人繳納這些稅金，即便不是公司老闆或管理階層。這意味著只要能簽支票，你的會計、妻子、母親或小孩都可能冒著被要求繳稅的風險。

　　會計應該把支票準備好，再請老闆簽署所有的支票。請仔細檢查你簽了什麼，只要發現不尋常之處就應該問清楚。

94 每天花 5 分鐘檢查帳戶

　　你的員工可能竊取你的金錢，公司以外的人也有可能。無論你在哪裡，每天都可以登入檢查你所有的銀行帳戶。這麼做花不了 5 分鐘的時間。請檢查所有的支票、自動扣款和儲蓄，確保都沒有問題。

　　有位會計每天檢查公司帳戶（老闆卻沒有），注意到兩筆小於 1 美元的存款。他以為是老闆正在建立新的帳戶，所以並未多加詢問。隔天，銀行打電話來，詢問該公司的老闆是否授權了 5 萬美元的提款。很顯然，答案是否定的，銀行帳戶因此被關閉。而那兩筆小額存款，正是為了確認這個帳戶是否正常運作，以從中偷錢。

　　工具型和轉型企業，應該至少有一個營運帳戶、一個薪資帳戶，以及一個儲蓄經常性收入和每週 1% 營收的帳戶。請檢查你所有的銀行帳戶——包含支票帳戶和存款帳戶，確保這些帳戶都沒有問題。

95　多發 9,000 美元的薪水

　　我坐在某位企業負責人的辦公室，和他討論我觀察到的問題。他有些心不在焉，因為他正在簽署員工薪資的支票。

　　突然間，他放聲大笑，並遞給我一張支票，上面的金額本來應該是 1,000 美元，實際上卻寫成 10,000 美元。會計在計算薪資時犯了錯，還把支票印出來。

　　假如他沒有仔細檢查，會發生什麼事？員工發現多了 9,000 美元後，會立刻衝到銀行把支票兌現，瘋狂花錢。

　　要把這 9,000 美元拿回來很困難，得花好幾個月、甚至好幾年的時間，從薪資中扣除。

　　在簽名之前，一定要看仔細。簽署供應商的款項前，請確認支票的數字符合訂單（假如有的話）和收據。如果覺得不對勁，在進一步確認資訊之前，都不要簽名。

　　如果是透過自動扣款（ACH）、信用卡、供應商入口網站或其他線上支付網站付款，如 PayPal 等，又該怎麼做？線上支付都會有紀錄，能證明付款內容無誤。請檢查這些紀錄，並每天都查看你的銀行帳戶（參見第 93 小節）。

96 藏好你的印章

許多企業負責人都以為，如果支票需要兩個簽名，就能預防盜用。然而，假如其中一個簽名是用印章，這個措施就無效。

在擔任企業顧問超過 40 年間，我做過最難受的事，就是告訴兩位合夥人，第三位夥伴每年盜用公司超過 5 萬美元，或許還要更多。這讓我覺得糟透了，也不想再查下去。

該公司的支票需要兩個簽名，其中一位合夥人刻了印章，讓負責會計的合夥人在簽完名後使用。於是，那位合夥人開支票給自己，並歸檔為罰鍰、利息或其他項目。

其他合夥人都不曾檢視公司的財報，畢竟他們信任負責會計的夥伴。因此，公司一向準時支付工資稅，卻不曾質疑不合理的罰鍰。在我著手調查之前，也沒有人發現他的竊盜行為。

不過，如果身為老闆的你要去度假，而會計需要簽名呢？我的某位客戶就遇到這個狀況。他有一枚印章，只會在他出差，但支票需要簽名時使用。

當時，我的客戶準備去度假，會計堅持這段期間需要那枚印章。但是我告訴他這太荒唐，他們大可以在老闆離開前，或是回來後再支付帳單。

會計表示老闆不信任他，並繼續堅持需要印章。老闆向他解釋，這不是信任與否的問題，而是他不希望其他人簽他的支票（我解釋過讓會計擁有印章的風險）。

由於老闆沒有將印章作廢（他後來才這麼做），我要他把印章放在家中只有女兒能找到的位置。假如會計真的遇到非開支票不可的情況，就必須解釋清楚，老闆才會告訴女兒印章的位置，蓋好章後再把印章帶回家。

目前大多數企業的員工薪資是透過銀行轉帳，所以，除非遇到緊急事件，否則在老闆缺席的期間，不會需要開任何與薪資相關的支票。

97 名稱相近的空殼公司

要假造一個和合法供應商名稱相似的公司帳戶，其實非常簡單。舉例來說，真正的供應商名稱可能是甲乙丙企業，而貪汙者可能會創立戶名是甲乙丙公司或甲乙丙的帳戶。

簽支票時，你可能不會注意到這個名字只是和真正的供應商相似，特別是附上訂單和收據時。大多數的貪汙者都很有耐心和創意，他們可以輕鬆假造出逼真的訂單和收據。

最好的預防方式，就是每季都印出供應商清單，並仔細核對，即便是往來不密切的供應商也不能遺漏。假如清單上有兩間以上名稱相似的公司，請找出原因。務必刪除那些錯誤或不合法的供應商。

除此之外，會計不應該有新增供應商的權限。你可以調整會計軟體的權限設定，防止貪汙者趁機為自己的空殼公司建立帳戶，捏造和真正供應商相似的名稱。

98 員工偷刷自己的刷卡機

　　某位企業負責人正在檢查應收帳款帳齡分析表，發現有幾位客戶並未支付服務費用。這讓老闆覺得奇怪，因為公司的服務政策是貨到付款，技師應該在每次到府服務結束時收取費用。

　　於是，老闆打電話詢問這些客戶，確認公司有確實提供服務，而客戶家中的空調系統也運作良好。

　　當他問到客戶是否付款時，每位接到電話的客戶都表示他們確實付款，而他們的付款方式也都是信用卡。接著，他請客戶們寄送一份付款明細影本給他。

　　檢視這些收據時，老闆注意到收據上的確都是公司的名字，但是，負責這些刷卡程序的，並不是他們平常合作的信用卡公司。

　　深入調查後，發現這幾位客戶都是由同一位技師服務。

　　這位技師用公司的名字向 Block（按：美國支付服務提供商，前身名為 Square）申請了信用卡處理帳戶，並獲得核准，使用的是公司的聯邦 ID 號碼（按：又稱為「雇主

身分識別號碼」〔Employer Identification Number，縮寫為 EIN〕，相當於臺灣的統一編號），但綁定他的銀行帳戶。

要得到公司的聯邦 ID 碼很簡單，這個號碼會出現在你每年年底發給員工的 W-2 工資年結表（按：根據美國國稅局規定，年底時雇主必須填寫工資年結表，向社會安全局申報支付給員工的薪資、小費和其他報酬，並提供一份副本給員工）上。

當客戶以信用卡付款時，這位技師就會使用自己的刷卡機來刷卡。收據上會有公司的名字，所以客戶不會知道這是假的。

後來，老闆選擇報警，經過調查，警方逮捕了這位技師。技師被指控 7 項聯邦罪名，包含洗錢、身分盜竊等。這位技師偷了大約 4,000 美元。想像一下，你只因為 4,000 美元就鋃鐺入獄。

並不是說 4,000 美元不多，假如這位技師行竊長達數月或數年，而不只是幾週，偷竊金額可能會多出幾萬美元。

老闆很慶幸自己每週都會檢查現金流報告、應收和應付帳款帳齡分析表，也因此很快就發現竊盜行為，阻止了更大的金錢損失。

在檢查各式報表時，也不要忘了檢核電子支付的管道。

99　存提款，請派兩個人去

「銀行搞錯存款金額了。」某位企業負責人正在檢查銀行對帳單，發現存款單的金額差了 10 美元。會計表示銀行犯了錯，並且會負責處理。

儘管如此，他還是決定自己打電話向銀行釐清。銀行員告訴他，存款金額確實比存款單上少了 10 美元。

經過調查發現，每當公司到銀行存款時，金額都比存款單少了 10 到 20 美元。這時他才意識到有人在偷公司的錢。

預防此犯罪的唯一方法，就是讓兩個人參與存款過程。

假如讓會計一人包辦所有過程，對方就可以很輕鬆的少存 10 到 20 美元，並把這些錢放進自己的口袋。

若是生活方式型和工具型企業，老闆應該親自前往銀行，即便不需要親自操作會計軟體、登錄款項，也都應該自己拿錢去銀行。

而在轉型企業中，公司會有許多員工參與財務，此時，老闆應該檢查銀行的對帳單，並核對現金和供應商帳戶。這些帳目應該要與公司每個月財報上的數值相符。

100 向國稅局檢舉

當你發現貪腐行為，請務必向國稅局舉報。許多企業負責人認為，他們應該在 1099 報稅表（按：由券商和其他機構發出的稅務報表，以使投資者用於向美國國稅局報告非薪資收入）或工資年節表上報告盜竊行為。

但是，最適合的管道是 3949-A 表格，這是一份資訊轉介表格，用來向國稅局舉報可能的違法行為（按：臺灣財政部網站設有檢舉信箱，並有各稅務之檢舉表格供下載）。

如此一來，國稅局就可以展開調查，並舉辦聽證會。即便你不打算繼續究責，盜竊者還是要面對聽證會和稅務調查。你可以請會計查詢最新的稅務判例。

截至本書出版時（2024 年 11 月），即便盜用行為持續許多年，被盜用的款項可以在揭發犯行該年減免稅金，這些款項會被視為其他支出。

比較麻煩的是，當你接受對方的償還計畫後，接下來幾年的償還金額會被徵稅。假如你收取利息，則可以將償還計畫視為有利率的貸款。

101 該把小偷送進監獄嗎？

　　當你發現員工偷錢時，要控告這名員工嗎？

　　面對這樣的狀況，你得先問自己，這是民事還是刑事問題。以民事為例，是當你給了會計簽署支票的權力，而對方藉此盜用公款；刑事則是會計偽造支票，或是在未經授權的情況下，直接從你的銀行帳戶領錢。一般來說，刑事案件比較容易定罪。

　　那麼，假如小偷提出償還款項的請求呢？他們可能有非常富裕的親戚，願意償還竊取的款項，以逃避牢獄之災。

　　這個問題沒有標準答案，取決於你是否願意忍受調查和出庭所帶來的困擾。有些企業老闆會從錯誤中學習，訂定應對辦法，然後不再追究，因為他們不想應付律師和法院。此外，有些比較寬容的法官，可能不會以徒刑嚴懲初犯者。

　　有些人則認為，小偷無論如何都應該接受審判。他們願意忍受好幾年的官司，只為了看到小偷穿上囚服。

　　別忘了，如果你只是開除了小偷，他很可能在下一間公司繼續偷錢。

後記
發現財務錯誤，請馬上改善！

假如你從未看過公司的財報，特別是資產負債表，那麼，希望本書能給你足夠的動機，每個月親自審視公司的財務報表。這些表格會有人替你準備好，身為老闆，你的工作就是做好自己擅長的部分，或許是銷售，或許是營運。

接著，檢視會計部門為你準備的報表。僱用會計幫你登記每天的分錄，並製作本書所介紹的報告。你只需要負責檢視報告。假如你發現公司在財務上犯錯，請務必改善。

光是每週拿到正確、準時的現金流量表和財報還不夠。你應該仔細檢查，挑出任何細節上的錯誤，以防範更大的危機。針對你的發現採取行動，才是持續獲得利潤、創造財富的關鍵。

一旦創造財富，就應該思考如何回饋一路上幫助你的員工們，以及你所關切的慈善組織。分享財富才是企業能成功、長遠發展的關鍵。

祝福你能達成目標，並創造出健康、成功的事業。

致謝

　　假如沒有這四十多年來的客戶，就不會有這本書，感謝你們。

　　謝謝各位讓我幫助你們持續獲利、創造財富。正如我幫助某位客戶提升獲利性，將公司以數百萬美元售出。

　　謝謝布蘭達・貝西亞（Brenda Bethea），你是我超過30年的左右手。你參與了我的成長、聽了許多人的故事，總是陪著我衝鋒陷陣。

　　謝謝我的父母，在我年少時引領著我，讓我成為現代女性。雖然，我有時會忘了心懷感激，你們卻總是在我犯錯時，拉我一把；在我努力朝著目標奮鬥時，為我歡呼打氣。

　　謝謝我已故的丈夫鮑伯（Bob）。在我們最後的對話中，你告訴我：「做你自己。」本書是他過世後的第三本書，正是這段對話的成果。

　　最後，感謝我的女兒凱特（Kate）。你的旅程才剛開始，我希望你能找到快樂和成功，打造自己的經常性收入計畫。希望本書中的故事，能幫助你避免許多錯誤和心碎。

　　謝謝你們，我滿心感激。

國家圖書館出版品預行編目（CIP）資料

公司沒錢的 101 種財務錯誤：訂單大增卻沒年終？有業績
卻沒現金？員工越努力，虧損的洞越大？零基礎也能看故
事就懂的財務學。／露絲・金恩（Ruth King）著；謝慈譯.
-- 初版 . -- 臺北市：任性出版有限公司，2024.11
256 面；14.8×21 公分 . --（issue；75）
譯自：101 Dumb Financial Mistakes Business Owners
　　　 Make and How to Avoid Them

ISBN 978-626-7505-17-5（平裝）

1. CST：公司　2. CST：財務管理　3. CST：財務金融

553.977　　　　　　　　　　　　　　113012981

issue 75

公司沒錢的 101 種財務錯誤

訂單大增卻沒年終？有業績卻沒現金？
員工越努力，虧損的洞越大？零基礎也能看故事就懂的財務學。

作　　者／露絲‧金恩（Ruth King）
譯　　者／謝慈
責任編輯／連珮祺、張庭嘉
副 主 編／馬祥芬
副總編輯／顏惠君
總 編 輯／吳依瑋
發 行 人／徐仲秋
會計部｜主辦會計／許鳳雪、助理／李秀娟
版權部｜經理／郝麗珍、主任／劉宗德
行銷業務部｜業務經理／留婉茹、行銷企劃／黃于晴、專員／馬絮盈、助理／連玉、林祐豐
行銷、業務與網路書店總監／林裕安
總 經 理／陳絜吾

出 版 者／任性出版有限公司
營運統籌／大是文化有限公司
　　　　　臺北市 100 衡陽路 7 號 8 樓
　　　　　編輯部電話：（02）23757911
　　　　　購書相關諮詢請洽：（02）23757911 分機 122
　　　　　24 小時讀者服務傳真：（02）23756999
　　　　　讀者服務 E-mail：dscsms28@gmail.com
　　　　　郵政劃撥帳號：19983366　戶名：大是文化有限公司

香港發行／豐達出版發行有限公司 Rich Publishing & Distribution Ltd
　　　　　地址：香港柴灣永泰道 70 號柴灣工業城第 2 期 1805 室
　　　　　　　　 Unit 1805, Ph.2, Chai Wan Ind City, 70 Wing Tai Rd, Chai Wan, Hong Kong
　　　　　電話：21726513　傳真：21724355　E-mail：cary@subseasy.com.hk

封面設計／林雯瑛　內頁排版／王信中
印　　刷／韋懋實業有限公司

出版日期／ 2024 年 11 月初版
定　　價／新臺幣 420 元（缺頁或裝訂錯誤的書，請寄回更換）
Ｉ Ｓ Ｂ Ｎ ／ 978-626-7505-17-5
電子書 ISBN ／ 9786267505151（PDF）
　　　　　　　 9786267505168（EPUB）